50 ATITUDES DO PROFESSOR DE SUCESSO

Dados Internacionais de Catalogação na Publicação (CIP)
(Câmara Brasileira do Livro, SP, Brasil)

Silva, Solimar-
50 atitudes do professor de sucesso / Solimar Silva. – Petrópolis, RJ : Vozes, 2014.
Bibliografia.

4ª reimpressão, 2020.

ISBN 978-85-326-4817-4

1. Didática 2. Prática de ensino 3. Professores – Formação 4. Sucesso profissional I. Título.

14-05405   CDD-371.1

Índices para catálogo sistemático:
1. Professores : Prática docente : Educação 371.1

SOLIMAR SILVA

50 ATITUDES DO PROFESSOR DE SUCESSO

EDITORA VOZES

Petrópolis

© 2014, Editora Vozes Ltda.
Rua Frei Luís, 100
25689-900 Petrópolis, RJ
www.vozes.com.br
Brasil

Todos os direitos reservados. Nenhuma parte desta obra poderá
ser reproduzida ou transmitida por qualquer forma e/ou quaisquer
meios (eletrônico ou mecânico, incluindo fotocópia e gravação)
ou arquivada em qualquer sistema ou banco de dados
sem permissão escrita da editora.

CONSELHO EDITORIAL

Diretor
Gilberto Gonçalves Garcia

Editores
Aline dos Santos Carneiro
Edrian Josué Pasini
Marilac Loraine Oleniki
Welder Lancieri Marchini

Conselheiros
Francisco Morás
Ludovico Garmus
Teobaldo Heidemann
Volney J. Berkenbrock

Secretário executivo
João Batista Kreuch

Editoração: Gleisse Dias dos Reis Chies
Diagramação: Sheilandre Desenv. Gráfico
Capa: Sérgio Cabral

ISBN 978-85-326-4817-4

Editado conforme o novo acordo ortográfico.

Este livro foi composto e impresso pela Editora Vozes Ltda.

Dedicatória

Dedico este livro a todos os professores inesquecíveis que tive, em especial:

À primeira e primordial, minha mãe, quem, além de tudo, ainda me alfabetizou.

Em seguida, à *Tia* Penha, primeira professora, com a qual o universo das letras se ampliou.

À *Tia* Juçara, da terceira série – e minha terceira escola –, que percebeu meu amor pela leitura e me indicou a minúscula, porém mágica, biblioteca da escola, onde descobri o mundo maravilhoso da literatura infantil.

À Professora Elma, minha primeira professora de Inglês, na Escola Estadual Vera Cruz, em São João de Meriti. Foi ela quem despertou em mim o gosto pela língua estrangeira.

Ao grande Professor Almeida, cujas aulas no Ensino Médio me fizeram gostar novamente da Língua Portuguesa. E pela honra por sermos colegas no curso de Letras da Unigranrio.

Aos professores Aldair Menezes e Alexsandre Machado (o *Alex*, da Cultura Inglesa de Duque de Caxias) por serem excelentes modelos de professores de Língua Inglesa.

Aos professores da Universidade do Grande Rio, da época da minha graduação. Em especial: Professor Galba (Língua Portuguesa, Latim), Professora Carmen (Língua Inglesa e Literaturas de Língua Inglesa) e Professora Nympha (Psicologia).

Às professoras do mestrado na PUC-Rio, com destaque para Inês Miller, Barbara Hemais e, fundamentalmente, Lúcia Pacheco – quem me "alfabetizou" pela segunda vez, na minha trilha na área acadêmica.

À Professora Kátia Tavares, da UFRJ, por ser uma orientadora que dá asas às minhas inquietações.

Dedico este livro ainda a todos os meus alunos da graduação e pós-graduação (antigos, atuais ou futuros) que se dedicam para serem professores assim, bem-sucedidos e inesquecíveis.

À aluna-amiga: Suellen Nascimento, de quem me orgulho muito.

Com carinho e afeto, dedico também a meus alunos da educação básica. Tantos, que seria impossível enumerá-los aqui. Cada turma me ensinou lições valiosas. Meus alunos têm sido muito generosos comigo. Cada gesto de carinho e amor me fortalecem e fazem com que eu tenha mais e mais a certeza de que ser um professor de sucesso é ter alunos que se tornam bem-sucedidos.

À inesquecível turma de 1998, do Instituto Menino Jesus, de Comendador Soares, minha escola do coração.

Sumário

Apresentação, 9

1 Planeje, 15

2 Seja pontual, 21

3 Aprenda os nomes, 26

4 Estabeleça limites, 29

5 Sorria mais, 33

6 Corrija os trabalhos, 37

7 Seja coerente, 41

8 Seja flexível, 45

9 Seja um exemplo, 51

10 Conheça seus alunos, 55

11 Atualize-se, 59

12 Respeite as individualidades, 64

13 Seja criativo, 68

14 Dinamize suas aulas, 73

15 Valorize perguntas e contribuições, 77

16 Organize-se, 79

17 Não reclame, 87

18 Olhe nos olhos, 90

19 Ame seus alunos, 92

20 Conte histórias, 95

21 Fale a língua deles, 99

22 Inspire, 102

23 Busque *feedback*, 105

24 Seja humilde, 108

25 Aprenda algo novo, 111

26 Reflita sobre sua prática, 114

27 Questione(-se), 116

28 Dialogue, 119

29 Seja firme, 123

30 Surpreenda, 128

31 Deixe-os criar, 131

32 Leia mais, 133

33 Assista aos programas deles, 136

34 Tenha entusiasmo, 138

35 Fale mais baixo, 141

36 Cuide-se, 144

37 Use recursos auditivos, cinestésicos e visuais, 148

38 Ame-se, 151

39 Tenha tempo para si, 154

40 Renda-se às novas tecnologias, 157

41 Registre tudo, 161

42 Use cores, 163

43 Espere 30 segundos, 166

44 Aprenda ao ensinar, 170

45 Voluntarie-se, 172

46 Lembre-se que o mundo dá voltas, 175

47 Compartilhe as boas ideias, 178

48 Celebre mais, 181

49 Não tenha medo de errar, 183

50 Crie suas próprias receitas, 187

Apresentação

Estava em uma das turmas de licenciatura da Unigranrio, onde discutíamos o que era didática e as alterações de enfoque pelas quais ela havia passado ao longo do tempo. Era início de semestre e eu havia sugerido lermos alguns textos do livro *A didática em questão* (Editora Vozes), organizado pela Professora Vera Maria Candau.

Em uma determinada noite, a discussão era acerca do texto da Professora Zaia Brandão, intitulado *Abordagens alternativas para o ensino da didática*. Os alunos, muitos dos quais oriundos do curso de magistério do Ensino Médio, ficaram bastante intrigados em como o livro, impresso pela primeira vez em 1983, conseguia ser tão atual. Ao lerem esse texto, eles pareciam se reconhecer no dilema entre teoria e prática no que tange à didática que se ensina e se usa efetivamente. Pior, muitos admitiram mesmo ter "caído de paraquedas" na licenciatura, não tendo sido esta sua primeira opção de carreira.

Eu já havia lido aquele capítulo algumas outras vezes e, portanto, acostumada – na teoria e na prática – com o panorama apresentado pela professora. Ainda assim, eu me lembro que o parágrafo seguinte à página que discutíamos naquela noite ficou ecoando em minha mente. Nele lemos:

> Talvez aí esteja a explicação da pouca efetividade da "didática que se usa" em nossas escolas. Ela depende dos que "gostam do que

fazem", dos que "colocam emoção e entusiasmo em suas aulas" e esses, dadas as condições concretas da profissão, são uns poucos "vocacionados" que independem da "didática que se ensina" nos cursos de formação de professores (*destaques da autora*).

Fiquei refletindo sobre a minha própria trajetória. Entrei para o curso de Letras querendo ser escritora, revisora, tradutora, qualquer coisa, menos professora. Entretanto, foi durante o curso e, principalmente, no período dos estágios supervisionados (pasmem alguns) que me percebi totalmente apaixonada pelo magistério.

Ao contrário do que essa introdução ao livro possa indicar, não fiquei pensando em como ensinar ou não ensinar didática nos cursos de formação de professores. Claro que a questão é relevante e deve ser discutida e, talvez, até repensada. Mas naquela noite minhas divagações me levaram a pensar como seria bom que alguém com a prática do magistério pudesse dizer para quem está se formando quais eram algumas chaves para o sucesso no ensino. Vemos tantas publicações acerca de como ser bem-sucedido em outras profissões e, por outro lado, um grande desprestígio acerca da escolha pelo magistério. Creio que precisamos fazer circular não apenas boas práticas docentes, mas também os fatores que contribuem para o sucesso na profissão de professor.

Há várias formas de medir o sucesso no magistério: dinheiro, *status*, tornar-se referência na área em que atua, titulação, entre outras. Além desses pontos, penso que o professor de sucesso, em geral, pode ser definido como aquele que domina o conteúdo, tem o que chamamos de manejo de turma, sabe dominar a si mesmo (como é difícil!), mas, ainda mais que isso, ele possui algumas características ou um modo de agir que o torna especial. Sabe aquele professor por cujas aulas ansiamos – não apenas porque é engraçado ou domine as técnicas de oratória –, mas aquele que mexe com nossas mentes e corações? Então, é desse professor mesmo que estou falando.

Comecei a pensar nos professores que tive ao longo da vida e a refletir sobre os meus próprios "melhores momentos" no magistério. Então, imaginei como seria se, quando eu estivesse ainda na faculdade ou mesmo em alguma fase posterior da minha vida profissional, alguém me entregasse de presente os principais pontos para que eu me tornasse realmente uma boa professora.

Lembrei-me de quando eu saí da faculdade de Letras, formada, com diploma nas mãos, currículos prontos, matérias de todas as disciplinas devidamente arquivadas para o caso de eu precisar consultar alguma coisa (o que quase nunca acontece, claro). No meio disso tudo, muitas dúvidas e receios.

No semestre anterior à conclusão do meu curso, eu, que até então atuava como assistente administrativo de uma empresa e só possuía experiência docente com os estágios da faculdade, havia começado a lecionar Língua Portuguesa à noite, em uma pequena escola do município de São João de Meriti. A primeira turma que conheci estava cursando o que corresponde hoje ao oitavo ano.

Passei literalmente dois dias inteiros preparando a aula, estudando, revisando, memorizando, ensaiando e tudo mais que fosse necessário para eu conseguir dar a tal aula sem precisar utilizar as anotações e os alunos não perceberem minha inexperiência – como se fosse possível ocultar minha pouca idade da época.

O grande dia chegou. Aliás, a grande noite, pois trata-va-se de uma turma de Educação de Jovens e Adultos. Entrei na sala com a maior cara de confiança possível. Cumprimentei a todos com um sorriso, apresentei-me e iniciei a aula. Menos de dez minutos depois, entrou um rapaz na sala, pedindo desculpas pelo atraso. Ao invés de se sentar, ele veio até mim, junto ao quadro para se apresentar.

Quando ele chegou bem próximo, estendeu a mão, falou seu nome e perguntou o meu, de um modo bem descontraído e falou mais alguma coisa. Não pude entender. Toda a minha preparação naqueles quatro anos e mesmo nos dois dias anteriores, planejando a aula, caíram por terra. O rapaz exalava maconha. Nem sei como eu pude identificar que era maconha, pois nunca havia sentido o cheiro antes. Um alerta na minha mente buscava alguma orientação para casos assim, mas nem mesmo nas disciplinas de estágio eu havia tido qualquer aula com o tópico: o que fazer se seu aluno vier falar contigo cheirando a maconha.

Enquanto eu fingia a maior naturalidade (tentava fazer uma cara de "Sim, dou aula há muito tempo e todos os meus alunos aparecem assim nas minhas aulas), eis que ele completa a apresentação: "Professora, sou o fulano de tal, gerente do morro. Eu bem acho que sei onde *tu* mora".

Uma fração de segundos, sorriso no rosto e eu solto – já que o cérebro não conseguiu achar nenhuma referência arquivada das aulas da faculdade – Ah, então está estudando para se tornar diretor?!

Pronto, agora vou morrer, pensei no instante seguinte. E o rapaz deu uma gargalhada, apertou minha mão e disse: "*Taí*, gostei de você" (seria pedir muito que ele me chamasse de senhora, vai ver que era mais velho que eu). Respirei aliviada e já nem me lembro como foi o restante da aula.

Sei que qualquer manual que eu recebesse durante a faculdade, ou mesmo depois, jamais poderia incluir todas as situações, como a acima descrita. Entretanto, também sei que seria muito útil que algum professor mais experiente pudesse compartilhar seus segredos de sucesso, ensinar o caminho das pedras, compartilhar algumas *receitas de bolo*. Por isso, naquele dia com o grupo de futuros professores, há mais de cinco anos, pensei sobre todas essas coisas e decidi que iria compartilhar pequenos gestos, atos e atitudes que fazem um professor ser bem-sucedido.

Espero que este livro seja útil, esteja você iniciando sua carreira, desiludida com ela, quase no fim ou trabalhando na formação de outros professores. Presenteie alguém com o livro, discutam as *50 atitudes do professor de sucesso*, crie a sua própria lista e, se quiser, pode compartilhar comigo suas histórias de sucesso pelo meu e-mail spssolimar@hotmail.com ou pela minha *fanpage* no Facebook: Professora Solimar.

Boa viagem!

1
Planeje

Fui convidada por uma escola para ministrar um curso para os professores sobre inclusão de jogos e dinâmicas nas aulas, a fim de que, segundo a diretora, os professores vissem que havia novas formas de apresentar ou revisar a matéria para os alunos. A diretora me confidenciou que alguns professores precisavam demais sair do trio livro/quadro/giz e, em especial, havia inúmeras reclamações dos alunos dirigidas à professora de Geografia. Eles diziam que era impossível suportar as aulas. A professora começava a falar de algo, depois pulava para outro assunto, eles tentavam acompanhar (claro, sabemos que nem todos), ficavam perdidos, faziam alguma pergunta e a professora mandava-os ler uma determinada página do livro e, no fim da aula, passava questionários de dois capítulos do livro, sem realmente ter explicado a matéria.

Quando visitei a escola para conhecer os professores e sondar o que eles esperavam do curso, para eu personalizar minha apresentação para o grupo, conheci a professora. Então, perguntei a ela como conseguia dar aulas em todos os turnos, em três escolas. Isto é, como dava conta de planejar suas aulas. A resposta dela só não me deixou mais atônita, pois conheço várias pessoas que fazem exatamente da mesma maneira. Ela disse que já sabia a matéria dos livros, então, era só abrir o livro no caminho entre uma turma e outra, ou enquanto passava uma atividade para os alunos, que ela já sabia *o que* fazer na turma.

Entendo que os salários baixos são os grandes vilões da falta de tempo do professor. Temos que correr de uma escola para outra, a fim de garantir uma subsistência mais digna com a composição de nossos salários advindos de mais de duas ou três fontes. E não pretendo entrar nessa discussão aqui. O que entendo também é que planejar é a primeira tarefa obrigatória do processo ensino-aprendizagem. Até porque, ensinar pressupõe reflexão sistemática do fazer pedagógico. Não é apenas saber *o que* fazer ou *o que* ensinar, como acreditava a professora daquela escola, mas inclui também o *como* e o *por que* fazê-lo. Implica criticidade, autoavaliação, reavaliação, fuga do improviso.

Planejar é importante em todas as áreas da vida. Tomemos por exemplo uma pessoa que pretenda ter seu próprio negócio. Para que tenha chances de sucesso, ela precisa elaborar seu *Plano de Negócios*, que é exatamente um planejamento minucioso do empreendimento que se pretende iniciar. Nele, o empreendedor prevê metas, tempo de retorno, público-alvo de seus negócios, analisa seus pontos fracos e suas potencialidades, clientes, fornecedores, estabelece como vai divulgar, vender, entregar, captar novos clientes e fidelizar os que já possuir, entre outras previsões. Desta maneira, o empreendimento tem maior chance de sobrevivência, visto que, com o planejamento, antecipam-se os possíveis problemas, estabelecem-se metas que são acompanhadas periodicamente, a fim de se medir o alcance delas. Enfim, planejar é o primeiro passo para se obter sucesso.

O que dizer, então, da profissão de professor, cuja influência se estende além dos limites observáveis?

Vivemos em uma época em que os apelos midiáticos são bastante atraentes e queremos que nossos alunos permaneçam quatro ou cinco horas por dia sentados, assistindo a aulas que sequer têm um norte.

Já assisti a aulas em que, claramente, o professor parecia não saber o objetivo que ele queria alcançar com elas. Não havia uma sequência mais ou menos lógica na apresentação do conteúdo. Ao final, sequer uma síntese para o aluno tentar ligar tantos pontos soltos.

Uma aula bem planejada ajuda a otimizar o tempo em sala de aula, a antecipar os recursos necessários e possíveis dúvidas dos alunos, além de favorecer uma melhor compreensão do assunto por parte da turma.

Geralmente dizemos que um plano de aula bem-elaborado deve incluir uma atividade de aquecimento no início. Muitos alunos dos cursos de licenciatura confundem isso, achando que sempre precisam começar com uma *dinâmica* – compreendida como jogo ou brincadeira. Obviamente essas atividades podem e devem ser utilizadas, porém isso deve ser feito em qualquer parte da aula, não apenas no início. Devem ser aplicadas de acordo com o assunto ou mesmo com os objetivos da aula. A atividade de aquecimento pode ser um breve diagnóstico ou sondagem dos conhecimentos da turma em relação a um determinado assunto, uma pergunta que leve à reflexão, a manipulação de objetos, uma atividade de *brainstorming* (ou tempestade cerebral). Enfim, algo que auxilie a captar a atenção do aluno e predispor sua mente para a sua aula.

Além disso, outras fases de uma aula planejada incluem apresentação de um novo conteúdo ou revisão de um assunto abordado anteriormente; síntese da aula, onde os pontos principais devem ser destacados para auxiliar na compreensão geral da aula; avaliação dos alunos, a qual, aliás, não deve se limitar a testes e provas. A própria sondagem de conhecimento é uma espécie de avaliação. Também podemos solicitar trabalhos criativos, pedir que eles resumam a aula, façam exercícios escritos, produções de texto, seminários, discussões em grupo, estudos dirigidos, criação de algum material e uma infinidade de possibilidades criativas, como veremos no tópico 6.

O planejamento do professor não se restringe aos planos de aula. Geralmente, precisamos apresentar o plano de ensino ou plano de curso, o qual apresenta um panorama geral do que pretendemos trabalhar na disciplina durante um período de tempo – trimestre, semestre ou ano. Nele incluímos os conteúdos a serem abordados, a previsão de quando serão apresentados, estratégias de ensino e de avaliação, bem como os projetos desenvolvidos para o trabalho interdisciplinar ou com os temas transversais que serão abordados durante aquele período.

Fazer um bom planejamento é tarefa que demanda tempo, pois precisamos conhecer a realidade da escola e dos alunos com os quais trabalhamos – recursos disponíveis, nível de conhecimento da turma (a "bagagem," que o aluno traz), idade dos alunos, duração das aulas, o que o Projeto Político-pedagógico da escola aponta como missão, valores, metas etc. Entretanto, o que acontece muitas vezes é que o planejamento anual é tratado como uma tarefa burocrática, apenas para constar nos arquivos da escola. Muitos professores limitam-se a seguir fielmente o programa ditado pelo livro didático daquele ano (SILVA, 2006), quando o livro deveria ser apenas uma das múltiplas ferramentas do processo ensino-aprendizagem.

Muitas escolas, por sua vez, também recebem o plano de ensino para constar em seus arquivos, não acompanhando o que ali consta. Ele é arquivado e esquecido para sempre, quando deveria servir de bússola a orientar o professor quanto ao caminho da aprendizagem dos alunos, pelo menos, na disciplina para a qual ele foi planejado. Nem tudo o que imaginamos no início do ano, ao organizar o plano de ensino, é consolidado ao longo do ano. Por isso, temos que ter o plano para sabermos onde fazer os ajustes, o que é necessário excluir e incluir, devido às mudanças externas, das quais a escola não pode passar incólume.

Esse quadro me faz lembrar o célebre diálogo de Alice com o gato, no livro *Alice no país das maravilhas*. Alice ao se encontrar com o gato que sorri, pergunta a ele qual caminho ela deve seguir. Ele responde que depende muito de onde ela quer chegar, ao que Alice responde que não se importa muito aonde vai. A resposta não poderia ser mais verdadeira: "Nesse caso não faz diferença por qual caminho você vá". Alice, sem saber a necessidade de um bom planejamento, ainda responde, fazendo alusão de que não importava o caminho, desde que ela chegasse a *algum lugar*. E o gato sorridente diz: "Oh, esteja certa de que isso ocorrerá, desde que você caminhe bastante".

Infelizmente, há muitos professores caminhando bastante, trabalhando árduo, ansiosos por ver seu trabalho chegar a *algum lugar*, mas não definem onde querem chegar, como vão chegar e o que será necessário para isso acontecer. Não me canso de dizer, o planejamento é a primeira tarefa obrigatória do trabalho docente. Gastamos um bom tempo no início para que possamos apenas fazer ajustes no decorrer do nosso trabalho e, assim, caminharmos melhor, em direção a um lugar definido.

Ao terminar uma aula bem planejada, rica em atividades diversificadas, desafiadora, fica aquele gostinho de quero mais, igual à novela: acaba a aula e os alunos ficam ansiosos para as "cenas do próximo capítulo".

A seguir, apresento um roteiro básico para o plano de aula. Deve-se verificar com a escola se ela possui um modelo próprio. Geralmente os planos de aula contêm os itens listados na tabela a seguir.

Roteiro básico para elaboração de plano de aula	
Identificação	Inclui dados como data, nome da escola, nome do professor, disciplina, ano e turma.
Tema	O tema ou assunto específico a ser abordado na aula.
Objetivos	Os objetivos devem estar relacionados ao que o aluno será capaz de fazer ao final da aula, não a intenção do professor. Eles podem ser gerais (alcançáveis em um prazo maior) e específicos (que podem ter resultado imediato, após a aula). Para estes, usamos verbos no infinitivo. Esses verbos indicam habilidade, como: associar, calcular, comparar, compor, concluir, construir, criar, criticar, constatar, contrastar, dar um exemplo, debater, decidir, definir, demonstrar, descrever, desenhar, diferenciar, distinguir, escolher, formular, identificar, indicar, julgar, listar, montar, nomear, organizar, parafrasear, propor, recomendar, reconhecer, repetir, redefinir, revisar, mostrar, solucionar, sumariar, traçar, usar, entre inúmeros outros.
Conteúdo	O tema da aula, desenvolvido em tópicos, de forma organizada e sequencial.
Desenvolvimento	O passo a passo da aula, uma descrição de como as partes teórica e a prática da aula serão apresentadas. Em outras palavras, descreve-se as estratégias de ensino. Geralmente envolve os passos da aula, tais como: aquecimento, apresentação de novo conteúdo ou revisão de conteúdo anterior, atividades de fixação, sondagem de conhecimentos, produção dos alunos e avaliação.
Recursos	Aqui são listados todos os equipamentos e material didático necessários, como equipamento de som, projetor multimídia, quadro, canetas, tesouras, revistas velhas, CD / DVD, cópias de exercícios etc.
Avaliação	A avaliação de uma aula não precisa ser uma prova escrita sobre o assunto. Pode servir diagnóstico do conhecimento prévio dos alunos ou observação da apreensão do novo conteúdo. Podem ser exercícios orais, escritos, produções diversas dos alunos, observação da participação deles etc. É importante deixar claro quais serão as atividades e critérios de correção, se for o caso.
Bibliografia	Apresenta-se a bibliografia consultada para organizar a aula, incluindo os *sites* de onde recursos foram retirados.

2
Seja pontual

Muitas vezes cobramos coisas de nossos alunos que nem nós mesmos fazemos. Uma dessas coisas é a pontualidade.

Certa vez trabalhei em um curso de Inglês em que uma das marcas registradas era o professor receber a turma, em sua sala organizada, com todos os recursos que fosse utilizar na aula já disponíveis e testados. Nada mais chato do que você ficar lá esperando o professor sair e voltar da aula várias vezes porque esqueceu algo, ora a caneta, ora as cópias e assim por diante. Os alunos gostaram da mudança, pois antes, tinham que esperar o professor na porta da sala, mochilas pesadas nas costas, sem ter um lugar para sentar. E, às vezes, um ou outro professor ainda atrasava. Com a nova regra, os alunos pareciam apreciar aquela delicadeza extra.

Ser pontual é ser delicado com os outros. É mostrar que nos importamos com o tempo das outras pessoas. Sobretudo, demonstra profissionalismo.

Quando chegamos um pouco antes em nossas escolas ou cursos, temos tempo para rever o material, testar equipamentos, verificar se precisaremos colocar o plano B em ação, para o caso de algo dar errado com o plano A, ficar a par dos avisos da escola e, ainda, trocar ideias com os outros colegas.

Um dia recebi uma avaliação positiva acerca da minha pontualidade de uma forma inesperada. Estava em uma das turmas de nono ano do Ensino Fundamental no início do ano, os horários ainda estavam sendo ajustados pela direção para acomodar todos os professores. Era a terceira aula e seria a última alteração. Informei aos alunos que, a partir da semana seguinte, ao invés de nossas aulas serem nos dois últimos tempos, elas passariam para os dois primeiros.

Gustavo, um rapaz de uns catorze anos, vibrou. Ele disse: "Agora vamos sair cedo!" Perguntei o motivo, visto que eles teriam todas as aulas daquele dia, sem tempo vago. Ele explicou que sabia que eu não ia faltar nunca às aulas e, assim, se outro professor faltasse, com o horário anterior, eles teriam que esperar até a minha aula. Eu retruquei: "Gustavo, só tivemos duas aulas ainda. Como pode saber que não sou de faltar?" Ele olhou sério, mas deu um sorriso de quem sabe tudo: "Professora, já deu *pra* perceber que a senhora não é de faltar. Nunca chega atrasada nem na aula e ainda traz tudo organizado *pra nós fazer*. Duvido que falte!"

É, ele acertou. Os alunos nos observam. Alguém já disse muito acertadamente que um aluno engana um professor o ano todo, mas um professor não consegue enganar um aluno por mais de cinco minutos.

Na maioria das escolas, a pontualidade é cobrada dos alunos. Caso não cheguem no horário, precisam esperar até o segundo tempo para entrar na sala de aula. O professor impontual muitas vezes também pode ser descontado em seu pagamento. Ainda assim, há muitos professores que justificam seu atraso pelo fato de terem que trabalhar em vários lugares, saindo de uma escola para outra em um curto espaço de tempo. Entretanto, muitos dos atrasos acontecem com pessoas que moram perto de seu local de trabalho. Há pessoas que se habituam a não ser pontuais, por superestimarem o tempo que têm disponível e, por isso, acabam se atrasando.

Na maioria das vezes, ser pontual é uma questão de escolha. Claro que às vezes há acidentes que fazem o trânsito ficar caótico, ou problemas com nosso carro e coisas dessa natureza. Entretanto, na maioria das vezes, somos simplesmente nós mesmos que nos atrasamos, por hábito, apenas.

Quando eu era adolescente, eu era a rainha do atraso. Minhas amigas sofriam comigo, esperando às vezes até mais de uma hora depois do horário combinado. Contudo, ainda com meus dezesseis anos, fui a uma entrevista para a vaga de estagiária do Ensino Médio nos escritórios das Casas Sendas, grande rede de supermercados na época. Chovia muitíssimo naquela manhã, mas às oito horas em ponto eu já estava lá no Departamento de Pessoal. Havia mais duas candidatas e elas chegaram com mais de vinte minutos de atraso, alegando a chuva. Eu sei que uma delas morava mais próximo que eu. A chuva era a mesma para nós três e todas nós dependíamos de ônibus para chegar ao local da entrevista. Eu já estava lá. Qual havia sido a mágica? Escolher ser pontual, mesmo que isso significasse sair um pouco mais cedo do que o necessário. A psicóloga não disse nada, entrevistou as três em grupo. E eu fui contratada. Só pela entrevista? Não. A pontualidade contou muito a meu favor.

Anos depois, percebi a importância da pontualidade não apenas para o caso de chegar na hora marcada em nossos compromissos ou ser delicada o bastante para não fazer as pessoas esperarem minha chegada, mas também percebi que obedecer a prazos para entrega de documentos pode ser crucial. Isso aconteceu quando uma amiga e eu estávamos no terceiro período da faculdade de Letras. Não tínhamos dinheiro para pagar a faculdade e nos inscrevemos no Crédito Educativo da Caixa Econômica Federal, atual Fies (Fundo de Financiamento Estudantil). Se não conseguíssemos o crédito, teríamos que trancar a faculdade. Meu salário bruto, só para ter uma ideia, era o valor da minha faculdade. Quando eu recebia, já havia uma diferença que eu tinha que completar. Para isso, eu trabalhava aos sábados e domingos com vendas de artigos diversos para complementar a renda. Ainda assim, até mesmo meu chefe e sua esposa me emprestaram um valor, cujo montante não me recordo, para que eu pudesse ficar mais tranquila. Eu pagaria mensalmente valores irrisórios, dentro da minha possibilidade.

Então, eu precisava desesperadamente do Crédito Educativo, o qual pagaria 80% do valor da mensalidade até a minha formatura e, depois, eu teria um ano de carência para começar a fazer os pagamentos ao banco. Assim, eu reuni todos os documentos necessários e coloquei em uma pasta, a qual eu carregava todos os dias para a faculdade, pois o resultado poderia sair a qualquer momento e teríamos que apresentar a documentação completa.

Não me recordo bem o porquê, porém por dois dias não fomos à faculdade. Não sei se houve algum feriado municipal ou algum professor precisou se ausentar. O que aconteceu é que, na noite em que estávamos na faculdade novamente, era o último dia para apresentar a documentação até um determinado horário em que não daria tempo para buscarmos em casa. Eu estava com a minha pastinha com tudo o que era necessário. Essa minha amiga, não. Eu consegui o Crédito Educativo e conclui a faculdade. Ela trancou e nunca mais regressou.

Aprendi, desde então, a cumprir quaisquer prazos que eu tenha. Tudo bem, nem que seja no último dia, como muitos

24

brasileiros. Mas, tento sempre me programar para chegar com antecedência nos lugares, ainda que sejam apenas cinco minutos antes. Entrego a documentação no prazo e tento organizar minha agenda para evitar atropelos. Acho que só assim é que nós, professores, que fazemos tantos projetos e trabalhamos em vários lugares ao mesmo tempo, podemos nos destacar. Afinal, ao invés de andarmos sempre parecendo que estamos perdidos, confusos e "enrolados", vamos passar uma imagem (verdadeira) de organização e profissionalismo.

Sobretudo, a pontualidade nos faz começar o dia ou o turno na escola com muito mais leveza. Faz bem a nós mesmos. Do contrário, já chegamos à escola depois de o sinal tocar e ainda temos que correr para assinar o ponto, pegar material, correr para a sala. A essa altura, muitas vezes já estamos exaltados e descontamos a impaciência e nervosismo no aluno.

Já pensou chegarmos à sala de aula esbaforidos, com aquele ar de cansados pela correria e falarmos com os alunos para estudarem? Eles vão pensar: "*Pra* que vou estudar? Para ficar igualzinho ao senhor / senhora?!"

No capítulo 16, *Organize-se*, compartilho algumas sugestões e ferramentas que podem auxiliar na organização pessoal e, dessa forma, poderá auxiliar-nos a sermos pontuais com nossos horários e prazos a serem cumpridos.

Enquanto isso, comece a pensar de que maneiras poderá ser mais pontual a partir de amanhã. Que escolhas fará para conseguir cumprir os compromissos assumidos dentro do prazo? Pode ser acordar quinze minutos mais cedo, deixar o material organizado na noite anterior, passar menos tempo na internet ou passar a utilizar uma agenda para ter as datas dos compromissos anotadas.

3
Aprenda os nomes

Alguém disse que a palavra mais doce aos nossos ouvidos é nosso próprio nome. Acho que é uma grande verdade. Experimente estar com um grupo de amigos e ouvir seu nome vindo de outro grupinho, ainda que seja de familiares e amigos. Você não sabe do que se trata, não conseguiu ouvir nada, mas seu nome você ouve muitíssimo bem.

O nosso nome é tão importante para nós, quer gostemos dele ou não, que nosso rosto se ilumina quando alguém nos chama por ele. Especialmente quando é alguém que nem imaginamos sabê-lo. Aliás, experimente a sensação de ser chamado por outro nome ou, pior, apelidinhos como *amor,* ou *nem,* como alguns vendedores ainda insistem em tratar o cliente, achando que isso cria uma aproximação maior. Meu irmão diz que *nem* é apenas uma redução de "nem te conheço". Afinal, quem realmente conhece, chama pelo nome.

Sei que isso se torna especialmente desafiador quanto maior for a nossa idade e o número de alunos que temos. Às vezes, temos cerca de trezentos, quatrocentos alunos! Ainda assim, podemos nos esforçar um pouco para presentear nossos alunos, chamando-os por seu nome ao invés de chamarmos apenas de *menino, menina, mocinha, garoto* e coisas desse tipo quando queremos chamar algum aluno cujo nome não nos recordamos.

Claro que nomes exóticos como Zózimo, Midalma ou mesmo o meu, Solimar, são às vezes mais difíceis de se memorizar que os mais comuns, como Rodrigo ou Thiago. Entretanto, como somos uma minoria, o pessoal da turma sente que, se o professor aprendeu esses nomes, é como se soubesse o deles também! A propósito, Zózimo foi um aluno que tive em 1998. Midalma foi aluna na faculdade há uns seis ou sete anos. Quando falei o nome deles na turma, o espanto foi geral. Foi como se dissessem: "Uau! A professora sabe até o nome *deles*!"

Há várias maneiras de memorizar os trezentos (ou mesmo quinhentos) nomes. Temos o ano todo para isso. E, às vezes, acompanhamos a turma nos anos subsequentes, o que facilita sobremaneira aprendermos os nomes de todos. Surpreendemos os alunos quando, já no segundo bimestre soubermos o nome de grande parte da turma. Eles se sentem valorizados.

A revista *Superinteressante* de janeiro de 2012 apresentou uma matéria sobre como decorar nomes (a matéria está disponível *online*: http://super.abril.com.br/cotidiano/como-decorar-nomes-rostos-670806.shtml). A primeira dica dos especialistas é simplesmente: esteja a fim. Ou seja, não adianta tanta dinâmica, tantas ideias e sugestões para memorizar nomes se não estivermos verdadeiramente interessados em aprender os nomes dos nossos alunos.

Veja algumas dicas para memorizar mais rapidamente os nomes:

Sugestões e dicas de como memorizar os nomes dos alunos

Faça uma dinâmica de apresentação dos nomes já na primeira aula. Pode ser um momento em que eles, em grupo, contem a história de seu nome uns aos outros e, posteriormente, o mais extrovertido conte para toda a turma o nome de cada colega do grupo.

Uma dinâmica de apresentação para o início do ano pode ser a criação de crachás criativos, feitos pelos próprios alunos, com seus nomes em letras grandes. O professor pode levar materiais como lápis de cor, caneta hidrocor, recortes de revistas e jornais, papel sulfite, cola, entre outros e sugerir que os alunos criem um crachá que represente sua personalidade ou coisas como: sonhos e metas, uma característica marcante, algo de que goste muito, entre outras ideias. Em seguida, cada um pode se apresentar, mostrando o crachá para a turma ou um colega pode apresentar o outro, falando do que achou do crachá do colega. Pode-se pedir que eles utilizem o crachá nas aulas até o professor conseguir memorizar todos (ou quase todos) os nomes.

Encontrei dinâmicas interessantes nesse endereço: http://www.calesa.ufsc.br/arquivos/file/dinamicas.pdf

São onze ideias bastante criativas para dinâmicas de apresentação e que podem ser úteis para que aprendamos os nomes dos alunos com maior facilidade.

Pode-se fazer uma atividade interessante de busca dos significados dos nomes e fazer uma apresentação em *PowerPoint* com autorretratos ou fotos dos alunos e, ao lado, uma breve apresentação em que o aluno diga o nome, o que esse nome significa e quem o escolheu. Pode ser uma alternativa para a primeira dinâmica apresentada acima, sobre a história dos nomes.

Um bom exemplo foi postado pela Professora Andréia Cruz[1], no SlideShare. Confira aqui o belo trabalho que ela fez, em conjunto com outra professora, para a turma do segundo ano: http://www.slideshare.net/deiapcruz/historia-dos-nomes. Essa atividade pode ser adaptada para todas as idades.

Faça a chamada sempre pelo nome e não número. Olhe para os rostos e repita o nome algumas vezes, para facilitar a memorização.

Pergunte o nome do aluno sempre que ele fizer alguma pergunta ou responder algo. Use o nome dele logo em seguida, dizendo algo como: "Pessoal, o José fez uma pergunta interessante" ou "Parabéns, Maria. Isso mesmo". Essa técnica nos ajuda a fixar ainda mais os nomes dos participantes.

---

1. Agradeço a Andréia Cruz, por ter gentilmente permitido que compartilhássemos aqui o *link* do seu trabalho.

4
Estabeleça limites

Sim, nossos alunos apreciam (e precisam) de limites. Muitos não têm claros os limites familiares e, assim, acabam trazendo para a sala de aula certa confusão quanto aos papéis da escola e seus educadores. Sabemos que muitos pais delegam à escola tarefas que lhes pertencem – tais como dar noções de higiene, mostrar o respeito ao próximo, ensinar regras de educação e cordialidade e mesmo o estabelecer limites entre direitos e deveres.

Desta maneira, cabe à escola mostrar que a vida em sociedade é pautada por regras – esperneiem aqueles que acreditam que as regras só foram feitas para serem quebradas. As leis de trânsito, por exemplo, se obedecidas, evitam o caos e acidentes. A própria natureza é regida por leis. A lei da colheita é um exemplo grandioso, no que se refere à necessidade de se respeitar o tempo certo para o preparo da terra e o plantio, o tempo de espera, os cuidados necessários e a colheita do que se plantou – não se pode colher o que não foi plantado. Parece óbvio? É isso que precisamos ensinar a nossos alunos nesse mundo tão imediatista e, muitas vezes, egocêntrico.

Logicamente que há leis que precisam ser questionadas, debatidas e estabelecidas com o grupo. Precisamos educar cidadãos críticos e questionadores, mas também conscientes de suas obrigações. No que se referem às regras da escola, creio que elas têm que ser muito claras, preferencialmente estabelecidas em conjunto com a turma. Eles precisam saber até que ponto podem ir e qual o momento de parar para não extrapolar os limites da boa convivência em grupo. Precisam saber, com antecedência, os prêmios, penalidades ou apenas resultados decorrentes de alguma ação.

Gosto muito de utilizar um exemplo que me ajudou, quando adolescente, a entender o poder do livre-arbítrio e de como cada escolha tem um resultado a ela atrelado. Uma vez tomada a decisão não se pode escolher a consequência:

Proibido nadar

Imagine que você vá a uma praia e lá encontre uma placa que diz: PERIGO! Redemoinho. Você tem várias escolhas: continuar apenas caminhando pela orla, tomar um sorvete, atravessar para o outro lado, onde há lojas. Ou, simplesmente, pode achar a placa uma restrição a sua liberdade e ignorá-la, indo nadar. Contudo, uma vez lá, as escolhas são reduzidas a gritar por socorro e tentar não morrer afogado.

É isso que os alunos precisam compreender. Escolhas carregam com elas consequências, responsabilidades. Limite não é sinônimo de limitação.

Eles podem criar, se expressar, ter voz ativa, vencer suas próprias limitações, mas sem esquecer que sempre há limites que precisam ser respeitados – limites que esbarram nos direitos do outro.

Os limites precisam ser negociados constantemente desde o primeiro dia de aula. A escola precisa estar alinhada em um só discurso, pois não adianta o professor estabelecer algo em sala e, quando precisar do apoio da direção ou da orientação pedagógica, ver-se sozinho. Também não adianta a equipe trabalhar em uma direção e haver professores que digam: "aqui na sala quem manda sou eu".

Por exemplo, em uma escola na qual lecionei, os alunos entendiam que não podiam usar celulares em sala de aula ou ficar ouvindo música, mesmo que com os fones de ouvido. Não quer dizer que eles obedeciam plenamente, mas estavam dispostos a guardar os aparelhos quando solicitados, pois entendiam a regra estabelecida.

Não sei por que motivo a direção da escola decidiu proibir o uso dos aparelhos nos momentos de folga dos alunos, como recreio, tempo vago, entrada e saída da escola. Aí virou um estardalhaço. Os alunos decidiram que iam fazer manifestação na porta da escola, iam convocar todos a se sentarem na rua e não entrarem na escola até que a nova regra, considerada por eles como abusiva, fosse revista.

Acho que os alunos entenderam melhor que a própria direção o que é estabelecer limite. Eles conheciam o limite aceitável e estavam dispostos a lutar pelo que acreditavam que não deveria ser imposto. Aliás, nem eu acredito. Tem tanta coisa para aproveitar nos celulares na sala de aula! Precisamos é educar os alunos para o limite do que pode e deve ser feito com ele nas horas de nossas aulas. Mas, eles precisam entender as razões para os limites que estabelecemos. Do contrário, não adianta apenas impor esses limites.

Os alunos percebem quando nós, professores, estabelecemos algumas regras desde o começo e aplicamos a regra para todos. Eu, por exemplo, não acho que os alunos precisem ficar grudados em suas carteiras o tempo inteiro. Eles podem circular, conversar e até bagunçar um pouco, especialmente em atividades em que levo revistas para recorte e colagem, jogos, dinâmicas, competições etc. Mas, eles também sabem que quando eu me posiciono na frente do quadro com a mão levantada é o momento de todos prestarem atenção – seja para explicação da matéria, correção de exercícios ou orientações gerais. Não preciso ficar gritando, embora de vez em quando um ou outro aluno demore mais a perceber que estou lá na frente da sala. Eles entendem quando é o momento deles e quando é minha vez também. E respeitam. Algumas vezes é necessário chamar um aluno que esteja saindo muito do limite proposto e conversar em particular. Mas, no geral, se a direção e coordenação pedagógica trabalham em conjunto com o professor, os limites ficam mais claramente estabelecidos.

E o professor que consegue manter os limites é aquele que os alunos respeitam. Podem não gostar muito do professor ou da matéria, mas admiram o professor que, segundo eles, *consegue colocar moral* na turma sem *esculachar* com ninguém.

Pense que limites precisam ser estabelecidos em suas turmas, negocie com eles e ignore o que não for realmente relevante. Não queremos formar robôs, afinal de contas!

5
Sorria mais

Recentemente assumi o cargo de professora em uma nova escola de Ensino Fundamental. Apesar de formada há quase vinte anos e estar atuando no magistério particular e público em todos os níveis do segundo segmento do Ensino Fundamental até o Superior, para os colegas da nova escola, provavelmente, eu era apenas a "professora nova" da rede. Assim, choveram conselhos sobre como ser professora nessa escola nos meus primeiros dias por lá.

Incrivelmente o que mais ouvi foi: "Não sorria para os alunos". Aliás, para ser justa, devo dizer que não foi apenas nesta escola que me falaram isso. Esse foi o conselho que mais ouvi todas as vezes que fui a "professora nova" em alguma escola. Você também já recebeu esse tipo de conselho? Espero que não tenha acreditado nele.

As pessoas diziam que se eu ficasse sorrindo para os alunos, eles iam interpretar que eu não tinha manejo de turma, que eu estava "dando confiança" para eles. Aliás, quem me dera literalmente dar confiança a meus alunos, especialmente adolescentes, tão sem confiança neles mesmos!

Por outro lado, entendo plenamente as razões dos conselhos tão bem-intencionados que recebi. Muitas vezes, o professor sisudo é confundido como bom professor, pois ele põe medo na turma e, desta forma, impõe respeito, enquanto o professor muito sorridente pode ser interpretado como aquele professor bonzinho, mas que não é bom professor. Sabe aquele professor que quer ser "amiguinho" da turma, fazer gracinhas e gracejos, ganhar pela simpatia, mas, ensinar que é bom nada? Então, meus colegas, no fundo, me advertiam contra esse segundo tipo de professor. É melhor parecer competente a ser feito de bobo pelos alunos, certo?

Mas, minha experiência me mostra que existe o meio-termo. Há certos momentos em que precisaremos ser mais sérios e até sisudos mesmo, pois os alunos ainda confundem muito, talvez devido a sua imaturidade. Porém, aprender é desafiador, especialmente uma língua estrangeira, que é o que ensino no nível fundamental público. Tem que ter mais sorriso!

Quando eu entro na sala e tento falar em inglês com os alunos pela primeira vez, ação à qual muitos não estão habituados nas escolas do Ensino Básico, eles se assustam. Por mais que eu faça gestos e utilize palavras cognatas para nos comunicarmos, eles ficam com medo do desconhecido. E é um sorriso que nos une. Falamos a mesma língua: a da simpatia, da camaradagem, a do eu gosto de você.

Quando criança, eu sorria para praticamente todo mundo na rua. Ainda lembro uma vez, quando eu tinha uns quatro anos, em que eu sorri para todas as pessoas do ônibus e todos retribuíram. Eu me sentia a menina mais fofa e simpática do planeta.

Em algum lugar durante a fase de crescimento, deixamos o sorriso de lado. Imagina se vamos sair por aí sorrindo para desconhecidos? O que vão pensar de nós? Ora, onde foi que aprendemos que sorrir é feio? Aliás, acho que precisamos sorrir mais até mesmo fora da sala de aula. Contudo, que pelo menos em sala nosso diálogo seja permeado por muitos sorrisos – e risos e gargalhadas também.

Há professores que nem cumprimentam a turma, chegam à sala e já enchem o quadro. Será que acham que vão gastar muito tempo sorrindo para eles, perguntando sobre o dia, a semana, a vida?

Eu prefiro ser confundida com o Renato Sorriso, aquele gari que ganhou o mundo ao fazer festa limpando o Sambódromo, a ser mais um rosto sisudo por aí. Melhor mesmo ser um Professor Sorriso. Afinal, acredito que copiamos automaticamente as expressões com que somos recebidos. Prefiro que meus quarenta alunos, em cada sala, copiem um sorriso e tornemos nossas aulas muito mais leves e felizes.

Além disso, várias pesquisas revelam que o sorriso também traz benefícios para a nossa saúde, para os sistemas cardiovascular, respiratório e imunológico. Então, que seja em prol da própria saúde física, pelo menos, que o sorriso apareça em nossos rostos.

E já que eu mencionei as pesquisas, fiquei curiosa e fui lá no Google fazer uma pesquisa básica, só para matar a curiosidade mesmo. Eu digitei as seguintes palavras: sorriso, sorridente, carrancudo e sisudo. Veja aí os resultados encontrados pelo site de busca:

Palavra	Resultados encontrados
Sorriso	41.600.000
Sorridente	4.400.000
Carrancudo	168.000
Sisudo	163.000

A tabela acima fala por si só, ao apresentar números elevados para sorriso e sorridente. Que bom que as pessoas, em geral, ainda estão mais otimistas. Então, por que mesmo é que nós, professores, vamos ficar sisudos e carrancudos? Vamos espalhar mais sorrisos, levar mais alegria para as nossas aulas, contagiar nossos alunos com um sorriso cativante e verdadeiro.

Esqueça aquele conselho de não sorrir para seus alunos. Experimente. Sorria mais para eles e você receberá sorrisos soltos de volta.

Corrija os trabalhos

Há alguns anos participei de um congresso de Educação com a equipe da escola em que trabalhava e ouvimos, estarrecidos, um renomado escritor dizer aos professores de Português que não precisavam corrigir todas as redações de uma turma. Bastava pegar uma, qualquer uma, e corrigir, pois os erros se repetiriam em todas elas!

Embora sendo professora de Língua Portuguesa, não vou entrar no mérito sobre o que ou como corrigir nas produções textuais dos alunos. Há vasta literatura sobre o assunto e fugiria ao propósito deste livro esmiuçá-lo. A questão é que se passamos algo para que os alunos produzam – valendo ou não pontos –, se mereceu o tempo do aluno para produzi-lo, deve merecer nosso tempo para ler e fazer algum comentário.

Não creio que alguém passaria alguma atividade para o aluno fazer se não julgasse ser importante. Então, se passou, corrija, leia, comente, dê um retorno.

Corrigir pode remeter a fazer acertos, sair riscando tudo o que está errado em um texto, pesquisa, cartaz, ou seja lá qual foi a produção. No entanto, o significado aqui refere-se a considerar a produção, dedicar tempo para ler atentamente, devolver com comentários pertinentes e não apenas uma rubrica, fingindo ter lido o trabalho.

Muitas vezes já presenciei professores devolvendo os trabalhos limpinhos, sem nenhum visto, rabisco, escrito, pergunta, nada, nada. O aluno fez, teve ponto; não fez, não teve. Mas e o que ele efetivamente aprendeu? O que pode melhorar? O pior é que os alunos parecem já estar habituados com esse tipo de comportamento. Já nem questionam. Recebem o trabalho e guardam.

Muitos professores passam trabalhos e esquecem que precisarão ter tempo de fazer a correção – tempo esse geralmente utilizado fora da escola e, portanto, no nosso tempo que seria livre. Como a demanda em época de avaliação é avassaladora, esses professores acabam por não separar um tempo para fazer as correções dos trabalhos e, assim, perde-se uma oportunidade de aprimoramento por parte dos alunos.

Minha sugestão é que, se planejamos efetivamente o que faremos em cada bimestre, os trabalhos também estarão incluídos. Assim, ficará mais fácil ter um panorama geral do que teremos para corrigir.

Além disso, não precisamos fazer todo o trabalho pesado sozinhos. Se nossos alunos tiverem que fazer produções textuais, podemos atentar para um tipo específico de informação que queremos observar. Podemos, ora focar em aspectos ortográficos e gramaticais, ora no desenvolvimento dos argumentos, ora na estrutura do texto e assim por diante. A turma pode fazer produções em pequenos grupos; podemos propor que um grupo avalie o trabalho do outro, revisem, corrijam e, assim, chegue em nossas mãos o produto final já revisado.

Se for um projeto mais elaborado, ele também pode ser feito em grupo, com cada aluno responsável por uma parte do projeto, porém, partes essas não isoladas e agrupadas por justaposição ou como uma colcha de retalhos. Queremos que se aglutinem de tal forma que fique impossível separar a contribuição individual de cada aluno do produto final.

Outro ponto importante a ser lembrado: se nossas pesquisas forem do tipo que eles vão encontrar já prontas, direcionados por sites de busca, então não devem ser solicitadas. Pesquisa tem que envolver a busca de conteúdo, mas também o refinamento, a reflexão, a transformação da informação recebida. Só imprimir tudo de um *site* sem motivo nenhum, não vai ajudar na aprendizagem dos alunos.

Seguem algumas sugestões de trabalhos que podemos solicitar aos alunos. O objetivo é apenas apresentar uma lista de atividades que fogem do padrão tradicional dos testes e trabalhos em que os alunos simplesmente copiam informações sem saber o que elas significam.

Ou seja, o ideal é que os trabalhos solicitados aos alunos fujam do tradicional "copiar e colar", que não os auxiliam na produção do seu conhecimento. É necessário dar voz a eles e deixar que utilizem sua criatividade.

Aqui apresento apenas as sugestões. Não é foco deste livro um aprofundamento sobre cada metodologia de trabalho. Entretanto, no livro *Trabalhos nota 10: ideias para avaliações criativas* (ainda não publicado), apresento em detalhes cada uma das sugestões dispostas na tabela a seguir.

Muitas vezes nós mesmos precisaremos sair de nossa zona de conforto e organizarmos projetos que sejam significativos para o processo ensino-aprendizagem. Outras vezes, nós precisaremos aprender juntos com os alunos, principalmente quando o assunto são as novas tecnologias, que muitos jovens dominam muito melhor que nós.

A proposta é que os alunos sejam avaliados como na vida real, em que precisamos não apenas decorar datas e fatos, memorizar informações e repetir como papagaios. É necessário que eles criem, interajam, colaborem, compartilhem informações. É preciso que eles sejam sujeitos na construção do conhecimento.

Diferentes maneiras de avaliar o aluno
Seminários.
Estudo dirigido.
Criação de paródias.
Discussão em classe.
Jogos (ou os *games*) educativos.
Elaboração de glossários.
Entrevista com especialistas.
Apresentação de telejornal.
Projetos com leitura de livros.
Criação de jornal (impresso ou online).
Criação de pôsteres (digital ou online).
Escrita de resenhas de livros e filmes.
Portfólios digitais.
Relatório de viagens ou passeios.
Vídeos individuais ou em grupo.
Levantamento de soluções de problemas.
Elaboração de mapas conceituais.
Criação de um livro (impresso ou digital).
Criação e compartilhamento de um blog individual ou da turma.
Moderação de algum fórum na internet, utilizando um grupo no Facebook, por exemplo, para alunos com mais de treze anos.

Seja qual for o trabalho solicitado, ele merece nosso tempo e um retorno para quem dispendeu tempo em prepará-lo. Por isso, sempre corrija os trabalhos.

7
Seja coerente

Ao procurarmos o significado da palavra *coerente* no dicionário, encontramos o seguinte: *Em que há coesão, ligação recíproca. Conforme, lógico, procedente.*

Há tantos casos de incoerência nas salas de aula. Principalmente incoerências entre o discurso e a prática.

Muitas vezes, nosso sistema de crenças está tão arraigado em nós que é muito difícil mudar nossa forma de trabalhar. Lemos novas teorias, discutimos em grupos de estudo, voltamos a ser alunos em nossa formação continuada. Sabemos o que deve ser feito, porém é na prática que vemos como é fácil mudar discurso e desafiador mudar nosso comportamento, nossa prática efetiva. E isso gera várias incoerências.

Na seção anterior, por exemplo, discutimos a necessidade de as avaliações serem mais criativas e permitirem a voz do aluno, sua participação efetiva em seu próprio processo de aprendizagem das disciplinas que ministramos. Daí, se não formos organizados (veja o tópico 16), acabamos por não planejar (tópico 1) o tempo para que as tarefas significativas possam ser realizadas. Como resultado, temos um monte de professores que passa uma tarefa enorme com pouco tempo para o aluno fazer. Às vezes, de uma semana para outra. Ou ele tenta ignorar que os alunos estudam outras matérias e, assim, não terão tempo suficiente para fazer um bom trabalho, ou acaba passando os trabalhos tradicionais, daqueles em que se privilegia a cópia e a memorização.

E os alunos percebem a incoerência. Vivemos dizendo que queremos que eles pensem, criem, façam coisas diferentes e, depois, na pressa, passamos um trabalho em que uma simples consulta a um site já traz todas as respostas prontas. Ou daqueles em que um aluno faz e os outros copiam a resposta – até porque as respostas são únicas, não permitindo a voz dos alunos.

Muitas vezes, será necessário um distanciamento para podermos enxergar nossas incoerências. Talvez filmar ou gravar uma aula, ter alguém da equipe pedagógica assistindo ou um estagiário nos observando. Depois, podermos discutir alguns pontos, rever alguns momentos e refletir sobre a nossa prática (veja mais no tópico 26). Nem sempre essas incoerências estão claras para nós.

Alguns outros pontos podem nos auxiliar a sermos mais coerentes em nosso discurso e prática. Podemos decidir que tipo de professor queremos ser e aprender a ser esse tipo de professor. Devemos ter claras que metodologias favorecem o ensino-aprendizagem e como podemos proceder em sala de aula. Então, podemos ficar atentos ao modo como ensinamos e como deixamos os alunos participarem de nossas aulas. Com esse exercício de constante reflexão acerca do que fazemos, fica mais fácil perceber incongruências em nossa sala de aula.

A coerência vai além do discurso e prática pedagógica. Há outros discursos e práticas que, talvez, sequer nos damos conta. Um exemplo que vivenciei, embora não tenha sido exatamente em sala de aula, foi ter lido uma poesia muito tocante contra o racismo, vindo de uma pessoa extremamente racista. Aquilo me chocou. Todos sabiam que a pessoa falava mal de negros, achava o casamento inter-racial uma aberração e, depois, apareceu com uma poesia de sua autoria, na qual exaltava a amizade e o amor entre todos, independente da cor da pele, da raça, ou seja lá o que fosse. Era tão incoerente que as pessoas só atribuíam à falsidade alguém fazer um texto apregoando o amor, quando sua prática constante não caminhava naquela direção.

Como professores, temos em nossa sala de aula uma diversidade de pensamentos, comportamentos, culturas e precisamos ser imparciais, tratar a todos com a mesma atenção e cordialidade. Não concebo incoerência maior do que um professor preconceituoso, seja qual for o tipo de preconceito. Ele vai tentar falar uma coisa para fazer média e vai fazer outra, completamente diferente, e a sua incoerência vai aparecer de tal forma até os alunos chegarem à conclusão de que tudo o que o professor diz é falso.

Há bem pouco tempo, conversava com duas professoras acerca de um determinado aluno de uma das turmas, que havia começado o curso de Letras dizendo que odiava a Língua Inglesa, que queria apenas "passar" nessa matéria, pois seu foco era a Língua Portuguesa. Contudo, depois de um semestre, ele passou a gostar da disciplina e estava se esforçando de verdade para aprender, inclusive se matriculando em um curso de línguas e postando coisas no Facebook em inglês, talvez para praticar. Daí, uma das professoras falou: "É, ele posta umas fotos estranhas no Face..." Estranhas? Perguntei, pois não havia visto nenhuma foto estranha. Aí, ela respondeu que ele era muito "escrachado", que ele postava foto com o seu companheiro, "bem *gay*", complementou.

A outra professora e eu nos olhamos sem acreditar. Aquela professora, tão querida dos alunos, que se dizia tão tolerante às diferenças, estava ali, sem perceber talvez, cheia de preconceito acerca da orientação sexual do aluno só porque ele era homossexual e postava fotos em que aparecia do lado do seu namorado ou companheiro. Quanta incoerência. E, o pior, ela não percebia isso.

Precisamos nos despir de preconceitos, rótulos, estigmas. Precisamos prestar mais atenção ao que falamos e acreditamos e ao que praticamos e sentimos. Um professor coerente é confiável. Se confiarmos nele, fica mais fácil acreditarmos no que ele diz em sala e nas coisas que pretende nos ensinar.

Portanto, simples assim, busque ser coerente nas coisas que diz e faz, no seu discurso e sua prática efetiva. As pessoas não são bobas. Elas detectam pequenas incoerências com muita rapidez.

8
Seja flexível

Há mais de uma década estava em um restaurante com dois amigos. Minha amiga tinha a fama de ser general, durona, inflexível. Logo, além dessas palavras, adjetivos como arrogante, metida, insensível, entre outros bem negativos eram atribuídos a ela. Só mesmo quem conseguia atravessar a capa de aço que a encobria podia ver que ela não era exatamente desse modo como as pessoas viam na superfície.

Contudo, o amigo que estava conosco, tentando ajudá-la, usou muito bem a comparação da árvore e do bambu, história que talvez vocês devam conhecer. Ele começou perguntando a ela qual era mais forte: uma árvore ou um bambu? Lógico, as árvores parecem ser mais fortes e resistentes que os simples bambus tão frágeis. Então, ele prosseguiu dizendo que, quando vem a tempestade, as árvores se partem, quebram, são arrancadas até pela raiz. Elas são duras, inflexíveis. Já os bambus balançam de um lado para outro, no ritmo do vento, chegam a se curvar quase até ao chão. Mas, quando passa a tempestade, erguem-se novamente e estão ali, intactos, justamente porque foram flexíveis.

E assim é conosco. No afã de estarmos certos e provarmos isso, abrimos mão de sermos felizes. Parece que temos que ganhar todas as disputas e batalhas, quando elas são apenas imaginárias. Eu mesma tenho buscado trabalhar essa característica em mim. Falta muito, mas já estou tendo progressos significativos.

Participei de um curso em que precisávamos dar *feedback* constantes uns para os outros. E nem sempre os retornos são positivos. Então, geralmente, ficamos na defensiva, prontos para justificar a maneira como agimos. O professor cortava e dizia: Na hora do *feedback*, ouça, anote e agradeça. Depois você decide se vai ou não seguir o que a pessoa falou. Não é o momento de revidar, justificar, argumentar. Que exercício difícil era aquele, mas creio que ajudou a todos nós sermos mais flexíveis, principalmente com os pontos de vista diferentes dos nossos.

Como professores, temos muitíssimas oportunidades de exercitar a nossa flexibilidade. Seja porque há uma lacuna enorme entre a expectativa que temos para um trabalho e o que os alunos compreendem ou apresentam como resultado; ou com o que cobramos em uma prova e o que os alunos efetivamente respondem; ou mesmo com as datas que planejamos e algum evento inesperado que acontece – sejam internos ou externos à escola.

No que se refere à expectativa que temos com o nível dos trabalhos ou mesmo com as dificuldades dos alunos para executarem uma tarefa, lembro-me de duas alunas estagiárias que estavam comigo em uma turma do sétimo ano do Ensino Fundamental. Tínhamos que preparar atividades voltadas para a temática da sustentabilidade. Elas acharam que eles poderiam fazer um grande painel sobre diversas maneiras de sermos sustentáveis com o nosso planeta e, ainda, escreverem um parágrafo em inglês acerca de suas ideias. Como a turma apresentava muita dificuldade de compreensão na língua estrangeira, eu disse a elas que não esperassem pelo parágrafo. Talvez pequenas frases. O choque para elas foi maior quando os alunos não conseguiram fazer sequer a primeira parte do projeto, ainda que tivesse sido explicado em Língua Portuguesa: eles tinham que desenhar ou apresentar colagens sobre o que fazer para cuidar do planeta. 90% da turma desenhou o símbolo de reciclagem, que era o que mais eles estavam ouvindo falar durante aquela semana. Um ou outro se lembrou de cuidar da água e economizar energia. Elas tiveram que rever o planejamento do que pretendiam com a aquela turma. Simples assim.

Algumas vezes teremos que ser flexíveis com o prazo de entrega de um trabalho. Não adianta simplesmente dizer para uma turma inteira que eles vão ficar com zero porque não houve a entrega do trabalho no prazo combinado. Claro que precisamos estabelecer os critérios com antecedência, informar que os trabalhos entregues fora do prazo terão nota inferior ou algo assim. Mas, uma dose de flexibilidade ajuda a evitar conflitos também.

Uma aluna da faculdade veio até mim para falar sobre a inflexibilidade de uma professora. Ela havia faltado a uma aula em que a professora solicitou determinada produção textual. A aluna pediu uma oportunidade para apresentar o trabalho depois, ainda que valesse menos pontos, para não ficar com a nota zerada. A professora disse que o prazo havia acabado, mas nem ela mesma havia entregado os trabalhos aos alunos, pois não corrigira todos. Enquanto a professora negava o pedido da aluna, em cima de sua mesa estava uma pilha de textos da mesma turma ainda para serem corrigidos. Custava negociar esse prazo? Resultado: como a aluna era concluinte e só dependia desse trabalho para obter a nota na única disciplina na qual ela tivera reprovação, depois de muito reclamar, escrever para a coordenação do curso e outros canais, a professora teve que aceitar o trabalho muitos dias depois, quando poderia ter sido mais flexível, aceitando o trabalho com uma semana de atraso. Teria evitado expor sua imagem negativamente e criar atrito desnecessário no relacionamento professor-aluno.

Outras vezes, a flexibilidade terá que ser no tocante a nossa expectativa e o nível dos trabalhos entregues. Achamos que os alunos vão fazer trabalhos e projetos dignos de publicação e, na maior parte do tempo, não é isso o que acontece, principalmente se não houver um acompanhamento efetivo da tarefa solicitada. Tem professor que acha que é mágica: basta escrever o tema do trabalho que o aluno vai fazer algo original, inovador, supremo. Precisamos refletir no insumo que demos para a realização do trabalho, na forma como auxiliamos o aluno a produzir o resultado que esperávamos e, talvez, rever alguns critérios de avaliação.

Eu estava habituada a trabalhar em cursos de idiomas e em escolas cujo foco era preparatório para concursos e cursos pré-militares. Assim, quando comecei a lecionar pela primeira vez em uma escola pública, meu nível de expectativa e exigência estava muito acima do que os alunos podiam ou mesmo queriam corresponder naquele instante. Para eles, a Língua Inglesa era apenas mais uma disciplina no currículo e que eles tinham a obrigação de estudar. Nos outros contextos de ensino, os alunos dependiam do conteúdo para algo prático a poucos meses a sua frente. Não tinha como negar a diferença entre os dois grupos e precisei adaptar minhas expectativas também.

Convém ressaltar que isso não significa que devemos desistir de trazer os alunos ao nível das nossas expectativas e acabar fazendo um trabalho sofrível. Ao contrário, ser flexíveis vai nos ajudar a adaptar nosso trabalho de modo a partir do ponto de onde o aluno se encontra até que ele consiga chegar no ponto mais próximo de onde esperamos que ele alcance.

É necessário também lembrar que nossos planejamentos (veja o tópico 1) devem ser bastante flexíveis. Não dá para falar em um tema só porque no nosso plano consta que hoje é dia de falar dele e esquecer que, justamente naquele dia, faleceu um professor ou um ídolo querido, ou houve uma notícia alarmante na comunidade. É preciso ser flexível para lembrar que deve haver vida dentro da sala de aula. Do contrário, a gente vira uma máquina de jogar conteúdo no aluno.

Assim, é preciso ser flexível com o que planejamos para não ficarmos frustrados com o que conseguimos efetivamente realizar em sala de aula. Isso é especialmente importante quando somos professores recém-formados. A nossa noção de tempo vai melhorando aos poucos. É como a nossa noção espacial quando começamos a dirigir. No começo, o carro quase sobe na calçada, pois achamos que temos que ficar bem perto dela. Ou talvez fiquemos um tempo demasiado longo tentando fazer uma ultrapassagem ou mudar de faixa, visto que não temos ainda a noção exata da distância do carro que vem atrás. Ficamos sem saber se está perto demais ou longe o suficiente. Com o tempo, essa noção fica muito mais aguçada. Da mesma maneira a ideia de tempo para executar uma atividade pode estar mais bem desenvolvida e, assim, temos a noção do que dá mesmo para realizar em um ou dois tempos de aula.

Por fim, para sermos mais flexíveis, devemos experimentar utilizar mais vezes expressões como: "tem razão", "que ideia interessante", "nunca tinha visto a situação assim", "olha, não havia pensado nisso antes", quando alguém apresentar propostas, projetos ou sugestões que desconhecemos ou não gostamos.

É muito melhor do que nos fecharmos a novas ideias, dizendo: "nem pensar", "nem morto" ou "estou fora" sem nem mesmo tentarmos entender o ponto de vista do outro.

Ser flexível dá trabalho. Assim como a flexibilidade do corpo exige exercício constante, ser uma pessoa flexível requer exercício diário. Quanto mais exercitamos, mais conseguimos ser flexíveis. Vale a pena. Os alunos compreendem o limite entre um professor intransigente e um flexível, dentro dos parâmetros e critérios discutidos com a turma.

9
Seja um exemplo

De vez em quando, quando dou palestras a professores e falo da importância do nosso exemplo, gosto de pedir a todos que fiquem de pé e que, depois que eu contar até três, todos movimentem seus braços na horizontal. Então, conto até três e eu mesma começo a mexer meus braços verticalmente. A maioria dos professores faz movimentos verticais com seus braços, outros parecem confusos tentando entender se eles escutaram algo errado ou se eu sou uma pessoa ignorante, que não sabe a diferença entre vertical e horizontal. Pouquíssimos são os que conseguem fazer o que foi pedido. Por quê? Não é possível ouvir as palavras de alguém quando seu exemplo grita.

Eu, por exemplo, não poderia escrever sobre moda e estética. Meu visual é despojado demais para eu dizer que entendo alguma coisa sobre o assunto. Minha imagem logo me trairia.

Em sala de aula há vários professores que falam que é importante ler, dizem para os alunos que eles precisam ler, mas se perguntarmos a esses professores que livros ou outros materiais têm lido, vão titubear, gaguejar e até inventar. Outros leem apenas o que a mídia diz que deve ser lido. Todo mundo está lendo, então deve ser mesmo bom? E os alunos percebem o vazio de suas ideias, de seu repertório leitor. Como admirar o conhecimento superficial de um professor?

Creio que deveríamos sempre nos perguntar se nós mesmos gostaríamos de ser nossos alunos. Será que somos mesmo o tipo de professor que encanta, que lidera, que forma opiniões? Será que somos assim tão bons quanto acreditamos? É importante investigar o que ainda nos falta e que modelos temos sido. Ensinamos por preceito e por exemplo.

No tópico 7 eu falei sobre sermos coerentes. E só seremos um bom modelo se nosso discurso e prática estiverem de mãos dadas. Quando o professor se torna um modelo positivo, a ser seguido, é justamente porque ele age de forma coerente.

Ensinamos mais que apenas os conteúdos de nossas disciplinas e os alunos provocam discussões riquíssimas para que isso ocorra. É o que chamamos de currículo oculto. Seja uma turma em que um dos alunos diga que não precisa saber inglês porque vai ser traficante; em outra, surge o assunto de *bullying* com uma menina gordinha que chora à toa ou com o negro da classe. Eles perguntam nossa opinião, querem saber como vamos nos posicionar. Não dá para ser neutro na Educação. E os alunos estão atentos a isso o tempo todo.

Outro dia, uma menina chegou atrasada e mentiu para o inspetor dizendo que era teste da minha matéria. Ele a deixou entrar, mas veio me perguntar. Eu disse que não era teste, mas que eu acabara de começar a aula e não me importava que ela entrasse naquele momento. Podia entrar. Assim que ela entrou, os outros colegas me perguntaram por que eu não mentira e confirmara a versão da aluna. Porque falar a verdade vale a pena. E sempre valerá, principalmente para quem tem memória curta.

Falamos da perda ou mesmo a inversão de valores em nossa sociedade e, muitas vezes, corroboramos para o estado atual em que nos encontramos. Mentimos sobre faltas, atrasos, promessas não cumpridas e achamos que estamos nos saindo muito bem. No entanto, sempre tem um aluno mais sagaz que fica quieto, mas depois da nossa aula – e às vezes na nossa frente mesmo – questiona, pergunta, argumenta, descobre que não é bem assim a verdade.

Lógico que nunca chegaremos a ser perfeitos. Mas, um professor de sucesso é um bom modelo a ser seguido. Ele respeita a hierarquia, não fica falando mal da coordenação ou direção da escola para os alunos – até porque não é na sala de aula que alguma diferença será resolvida. Ele é responsável, ético, trabalha com profissionalismo, sabe admitir seus erros e busca corrigi-los. Também tem humildade perante a turma, pois se lembra que ele é um *expert* em *sua* área de atuação, mas há tanto sobre o que ele não sabe ainda. É um modelo também porque está constantemente buscando aprender, renovar-se, descobrir. Ama a Educação e não está apenas dando aula até que apareça algo melhor. Até porque não vai aparecer nada para quem não se compromete.

Há professores que dizem fazer um trabalho bem simplório, alegando que não ganham bem para fazer melhor. Assim, lamentavelmente, continuarão recebendo pouco mesmo onde estão. Outros alegam que não dá para estudar, pois a cobrança é muito grande. Esses são os que a gente encontra décadas depois, no mesmo lugar, ali estagnados, sem se darem conta de que eles mesmos não se movimentaram para melhorar suas condições.

Assim, de uma forma geral, creio que podemos ser exemplos de diversas formas. A seguir, listamos dez ações em que podemos ser bons exemplos. Elas aparecem em ordem alfabética, pois seu grau de relevância vai depender das situações em que elas precisam aparecer:

10 bons exemplos para os alunos
Aprender sempre.
Cumprir prazos.
Cumprir promessas.
Cumprir regras.
Dizer a verdade e ser honestos.
Praticar o que prega.
Respeitar a hierarquia.
Ser humilde perante a turma.
Ser responsável, dedicado e mais organizado.
Utilizar vocabulário adequado em sala de aula.

10
Conheça seus alunos

Na Educação Infantil até o primeiro segmento do Ensino Fundamental é mais fácil conhecermos nossos alunos, visto que passamos a semana inteira com eles. Há escolas em que relatórios bimestrais acerca do desenvolvimento dos alunos são feitos e entregues aos pais. Ainda assim, é desafiador para o professor dar conta de observar cada aspecto detalhado de todos os seus cerca de vinte alunos.

Meu filho começou a estudar em uma creche-escola em meados do mês de maio, quando estava com três anos. O primeiro relatório estava bastante coerente. Exceto por uma negativa. Lá constava que ele não possuía amigo favorito, enquanto em casa ele não parava de falar em seus amigos e no seu amigo favorito, o Vinícius. Lógico que era muito detalhe para a professora perceber, ainda que estivesse diariamente com os alunos.

Agora, quando atuamos a partir do segundo segmento, parece quase missão impossível conhecer nossos alunos. Em algumas disciplinas, ficamos com a turma um ou dois tempos de aula, no máximo. Às vezes temos seis, doze, dezoito turmas! Lógico que fazer relatório de cada aluno seria algo impensável.

Entretanto, ainda assim, podemos ter uma noção das coisas que gostam. Podemos ver que músicas são favoritas, programas de televisão que mais os atraem, que sites curtem visitar. Podemos ter uma ideia geral de seus sonhos e angústias. Podemos tirar uns minutos de nossas preciosas aulas e tentar conhecer um pouco mais de cada um. Pode ser durante o momento em que fazem alguma tarefa e passamos de carteira em carteira para verificar se têm dúvidas. Não precisamos ficar o tempo todo sentados à mesa distantes deles.

Seja qual faixa etária for, as pessoas precisam se sentir importantes quando estão conosco. Só amamos quem conhecemos. E só conhecemos se nos dispusermos a dedicar tempo. É assim com um *hobby*, um talento, um ídolo ou seja o que for sobre o que queremos aprender. Passamos a amar quando conhecemos mais e só podemos conhecer se dispendermos tempo. No item 19 eu falo um pouco mais sobre amar os alunos. Aqui, gostaria de enfatizar a necessidade de conhecê-los para compreendermos melhor até mesmo suas ações e reações em nossas salas de aula.

Adolescentes, no geral, tem uma grande carência. Não sou especialista na área, mas credito muito à fase de transição pelas quais passam. Não são mais os bebês dos papais, mas também não mandam em si mesmos – ainda que achem que sim e, em algumas famílias, isso até aconteça de alguma forma.

Geralmente apaixonam-se com facilidade e adoram falar sobre si. E nós estamos sempre sem tempo para ouvi-los. Então, ainda que de vez em quando, precisamos separar um tempo para ouvir os alunos, saber como estão, ficarmos atualizados sobre o seu mundo.

Em uma das turmas do Ensino Fundamental, havia uma aluna, vamos chamá-la de Leila, que era uma das alunas mais bagunceiras e encrenqueiras da turma. Vivia fazendo escândalo por qualquer coisa e tudo queria resolver lá na coordenação, como se a figura do professor fosse nula na sala de aula. Um dia, ainda no primeiro bimestre, logo após o recreio, enquanto os alunos retornavam à sala e se acalmavam, chamei Leila para um bate-papo informal no corredor. Não precisou muito tempo para eu conhecer um pouquinho a respeito daquela aluna.

Ela contou que havia alguns meses que o pai abandonara a mãe e seus três filhos, a irmã de quinze, ela com treze anos e um mais novo. Segundo ela, ele ficou com uma outra mulher, cuidando dos filhos dela, mas não se importando com seus próprios filhos, pois sequer telefonara para a irmã mais velha no seu aniversário. Disse que a mãe telefonava para ele, dizendo que os filhos não tinham nada a ver com a situação. Ainda assim, ele não visitava os filhos. Também contou que, antes disso, descobriu que tinha um irmão mais novo, que o pai tivera com outra mulher de sua comunidade. Estava com raiva, pois o próprio pai havia dito que as filhas se tornariam "mulheres da vida".

Conversamos sobre como a própria Leila poderia fazer valer outra história, ela mesmo escrevendo o que deveria acontecer. Ela disse que queria ser advogada e não ia ficar "arranjando barriga por aí". Depois da conversa, que deve ter durado menos de dez minutos, outra Leila entrou em sala de aula: participativa, atenta, com um sorriso e um brilho nos olhos que dava gosto de ver. E isso, só por causa de um bate-papo para conhecê-la.

Aliás, uma conversa para conhecer os alunos é sempre melhor que mandar chamar o responsável para a escola. Afinal, quem fez algo errado ou causou o problema está ali, o aluno. E, para piorar, muitas vezes quando chamamos o responsável, entendemos perfeitamente porque o aluno age do jeito que faz na escola. Claro que só posso falar de minha própria experiência, mas tenho visto que, os filhos são, na maioria das vezes, apenas um reflexo do que vivenciam em suas casas.

Conhecer os alunos, seja qual idade for, vai nos permitir personalizar o ensino para eles. Teremos noção de suas capacidades, histórico de vida, talentos e poderemos aproveitar tudo isso para incluí-los em nossas aulas, ainda que não seja a matéria favorita deles. E, por favor, precisamos parar de pensar que todos os alunos precisam ser excelentes em *nossa* área de saber. Quanta coisa eu não sei, ou não lembro mais, de Química, Física, Matemática ou mesmo Biologia! Cada vez mais, estudamos coisas relacionadas a nossa área de atuação e, sem querer, esquecemos do resto do mundo.

Conhecer mais nossos alunos vai nos ajudar a ficarmos conectados com essas outras partes do mundo que cismamos que não existem, só porque não fazemos parte delas.

11
Atualize-se

Dê uma olhada a sua volta. Se você está em casa, certamente sua TV não é de 20 anos atrás, seu celular deve ter, no máximo, uns dois anos, a geladeira deve ser branca ou de aço inox. Tudo está devidamente atualizado em sua casa. Ou pelo menos quase tudo, às vezes nossos desejos de consumo são maiores que o nosso poder de compra, não é verdade?

E como está o conhecimento sobre o processo ensino-aprendizagem? Qual foi o último curso que fez ou congresso de que participou? Que livros tem lido? Que revistas assina?

Será que se reúne a outros professores e justifica que os alunos não aprendem simplesmente porque "não querem nada"? Ou será que está acompanhando pesquisas que mostram os avanços no campo pedagógico?

Muitos professores alegam não se atualizarem por não terem tempo nem dinheiro. Isso, de certa forma, é um mito. Não é concebível que qualquer profissional pare no tempo. Principalmente quem trabalha com Educação.

Vejo profissionais de outras áreas com salários equivalentes a de professores pagarem por participação em cursos ou congressos, enquanto muitos professores acham que deveriam ser bancados, pois ganham pouco. Há pessoas que abrem mão até de participação gratuita em alguns eventos porque seria em um final de semana, ou porque o congresso era longe demais. O cúmulo foi ouvir de um professor que ele não iria participar do encontro pedagógico proposto por sua escola, durante o qual seria falado sobre os cuidados com a voz, porque ele não seria pago para ir até lá naquele dia!

Há escolas que pagam com muito gosto um evento para que tenha em troca um profissional mais bem-qualificado. Ofereça-se para participar e, em troca, repassar as informações para seu grupo.

O fator tempo também é outra desculpa esfarrapada para não se atualizar, pois sua dimensão é feita a partir do que é prioridade. Muitos professores que alegam não terem tempo para se atualizar são os mesmos que não perdem um capítulo sequer das novelas. Ou curtem coisas banais no Facebook.

Há cursos online, publicações gratuitas para serem consultadas, cursos de duas vezes por semana ou apenas aos sábados. Há os encontros pedagógicos ou grupos de estudo das escolas. Enfim, nessa era da modernidade em que vivemos, há maneiras de sobra para continuarmos atualizados. Há mesmo as conversas informais com os colegas mais experientes. Ao invés de ficar reclamando que não suporta a turma tal, por que não conversar com outros colegas e buscarem meios de se conseguir maior atenção ou rendimento?

Sei que você, que está lendo este livro, provavelmente está buscando melhorar e ter mais sucesso em sua profissão. Poderia agora até fazer uma lista de pessoas a quem presentear com este livro e contagiar a todos com a necessidade de se atualizar constantemente.

Uma sugestão simples para a troca de informações entre os colegas é a criação de um grupo de estudos, ainda que virtualmente, pois nem sempre as agendas pessoais permitem que todos se encontrem presencialmente. Uma maneira fácil de fazer isso atualmente é através da criação de um grupo da escola dentro de uma rede social, como o próprio Facebook, por exemplo.

O grupo pode funcionar como uma espécie de ponto de encontro. Pode-se escolher um tema a ser estudado e debatido ao longo de uma semana ou um mês. Os recursos permitem anexar documentos em diversos formatos, como doc ou pdf, ou mesmo apresentações do tipo PowerPoint, links para vídeos diversos ou *sites* específicos que queiramos compartilhar.

Podemos criar fóruns de discussão, propondo uma questão e todos comentando sobre a questão proposta. Dessa forma, podemos aprender continuamente, de modo informal, porém significativo, com os próprios colegas da escola ou, se preferir, fazendo convite a especialistas para participarem da discussão de determinado tema e contribuir ricamente com o grupo.

Veja a seguir um recorte de uma das minhas páginas do Facebook com um dos meus grupos. Trata-se de um curso de curta duração que eu estava organizando para a formação continuada de professores mediadores de leitura. Se a sua escola tiver interesse no curso, basta solicitar através de minha fanpage no próprio Facebook (https://www.facebook.com/ProfessoraSolimar) ou do meu e-mail, disponível na apresentação deste livro.

A figura a seguir é só uma representação para se ter uma ideia de como fica um grupo criado nessa rede social. Podemos anexar fotos, vídeos e arquivos, criar enquetes, ou fóruns, como no exemplo onde se lê "Semana 3: Fórum 6". O grupo pode ser *secreto*, onde apenas os membros participam e veem as publica-

Figura 1 Print screen de grupo no Facebook

Fonte: a autora.

ções; *fechado*, em que apenas os membros podem fazer postagens, e *público*, em que qualquer pessoa pode participar e fazer postagens. A escolha entre um desses tipos vai depender dos objetivos do grupo. Geralmente eu faço grupos secretos para que apenas meus alunos e eu participemos, como se fosse uma sala de aula específica, de porta fechada.

Dessa forma, utilizando uma ferramenta gratuita e de fácil acesso, podemos continuar nos atualizando, seja criando nossos próprios grupos na escola ou buscando grupos já existentes acerca de um assunto de nosso interesse.

12
Respeite as individualidades

É tão bom ter alunos inteligentes, dedicados e que só tiram boas notas em todas as matérias, especialmente a nossa. Isso nos faz sentir ótimos professores, mesmo que o aluno tenha aprendido *apesar* da nossa interferência.

Fico imaginando o que meus professores de Matemática do Ensino Fundamental pensavam sobre mim. A partir da quinta série (atual sexto ano) eu era uma aluna mediana nessa disciplina. Eu me esforçava por compreender e, às vezes, até entendia alguma coisa, mas, no geral, Matemática só fazia sentido para mim quando eu via aplicação prática, como para cálculos percentuais ou mesmo uma regra de três. As equações eram puro martírio. Eu não tinha ninguém para me explicar fora da escola, então ficava perdida.

Para piorar, quando estava na sétima e oitava séries (correspondentes ao oitavo e nono anos) eu comecei a odiar a escola. Eu não faltava e tentava me dedicar, mas sem compreender muito bem para que estudava tudo aquilo.

Na verdade, há coisas que, até hoje, não entendo por que estão lá, no currículo. E não falo apenas das matérias em que eu era uma aluna medíocre. Refiro-me mesmo à Língua Portuguesa, uma das disciplinas que leciono. Vejo coisas desnecessárias no currículo do Ensino Fundamental. O aluno tem que fazer análise morfossintática no sétimo ano. Você lembra disso? Sabe, aquelas frases descontextualizadas, como: *A menina encontrou o caderno.* Você tem que dizer que o *a* é um artigo definido e adjunto nominal; *menina* é substantivo e núcleo do sujeito; *encontrou* é verbo transitivo direto; *o* é outro artigo e adjunto adnominal e *caderno* é substantivo e objeto direto. Útil, não é mesmo?

Sim, ainda se ensina assim em muitas das escolas, ao invés de privilegiarmos a leitura crítica e a prática da autoria através de produções textuais que sejam reescritas várias vezes, para que o aluno melhore sua argumentação e exposição de ideias.

Tenho uma amiga que se ressente de ter sido aluna nota dez em todas as matérias em sua época de escola. Ela diz que era quieta, organizada, caprichosa e tirava dez em tudo. Os professores deveriam ter um certo orgulho de serem seus professores. Devia dar gosto corrigir a prova dela, provavelmente utilizada como gabarito para corrigir as outras. Só tem um problema: a aluna nota dez na escola não conseguiu alcançar grandes patamares em sua vida. Nem acadêmica, tampouco pessoal. Faltava a ela o que não se ensina na escola, mas que deve ser incentivado na sala de aula: aprender a interagir com as pessoas, a trabalhar em equipe, a se comunicar, a desenvolver sua inteligência emocional.

Faltou que ela reconhecesse suas inteligências múltiplas e pudesse trabalhar bem mais para fortalecê-las e tentar desenvolver outras necessárias para o convívio em grupo.

E nas nossas escolas muitas vezes rotulamos o aluno de "burro", só porque ele não sabe *nada* da nossa matéria, e inteligente aquele que conseguiu *memorizar* alguns pontos. Não estou querendo dizer que, a partir de agora vamos inverter tudo e valorizar aquele que errar todas as questões das provas. Só que devemos respeitar, incentivar e valorizar as diferenças individuais.

Certa vez eu estava na sala dos professores quando entrou uma dessas professoras que consegue captar o melhor de cada aluno e transformar sua prática para focar essas individualidades. Ela estava maravilhada porque descobrira que determinado aluno, pobre e da rede pública de ensino, tocava saxofone maravilhosamente bem. Ele não gostava muito da matéria da professora, Língua Inglesa, mas ia tocar o sax para um grupo que faria uma apresentação musical. Ele ia participar dos ensaios, ia acompanhar o grupo que ia cantar, mas ele mesmo ia tocar a música e só. Ele até sabia o que significava a letra da música, mas não tinha interesse em aprender a falar. Segundo a professora, ele se interessava por Francês, não Inglês. E ela achou justo ele fazer as atividades de leitura, mas não ser obrigado a cantar a canção.

Vemos claramente que não é o caso de se aproveitar para dizer: eles não conseguem aprender, coitados. Isso é ledo engano. Tenho visto muitos bons professores fazerem trabalhos incríveis desenvolvendo as quatro competências linguísticas em língua estrangeira com os alunos, ainda que esses não tenham nenhum outro contato com a língua fora da sala de aula, nos curtíssimos dois tempos de aula que o professor tem com cada turma.

Respeitar a individualidade dos alunos também tem a ver como a forma de explicar o conteúdo. Explicamos de uma só maneira e queremos que todos aprendam igualmente. É necessário levarmos várias formas de o aluno aprender. Que haja a aula expositiva, mas que possamos incluir música, dramatização, jogos, objetos, demonstrações e inúmeras maneiras para que possamos alcançar aos diferentes modos de aprender.

Aprendi com minha mãe que respeitar a individualidade não é tratar a todos por igual, mas justamente tratar a cada um de acordo com sua singularidade. Ela, mãe de cinco filhos, sempre dizia que não podia educar todos os filhos da mesma maneira, pois cada um requeria a educação de um jeito diferente, de acordo com seu jeito de perceber, sentir e agir. Imagine nós, com quase quarenta alunos em sala de aula, com experiências, culturas, educação familiar, modos de agir, pensar e sentir tão distintos! Precisamos aprender a reconhecer e respeitar essas individualidades para darmos conta de ensinarmos a todos.

13
Seja criativo

Esse parece ser um item tão óbvio. Quem não quer ser criativo? Acontece que, com o corre-corre, acabamos não reservando tempo para colocar nossa criatividade em prática. Às vezes confundimos criatividade com genialidade e, humildes, achamos que não podemos ser criativos. Acredito que ser criativo é fruto de exercício constante. Precisamos nos desafiar continuamente.

Podemos começar sempre nos perguntando como podemos fazer algo diferente. Pode ser como dar uma aula melhor, ensinar um conceito de uma maneira mais simples, usar comparações ou metáforas, encontrar o que no mundo *real* pode ser usado para ilustrar um ponto da matéria. Será que podemos ir caracterizados de personagens da literatura ou da história para a sala de aula? Temos como criar um poema ou paródia que auxilie no ensino?

Há um vídeo muito interessante no YouTube que mostra como a criatividade é fruto de tempo disponível também (http://www.youtube.com/watch?v=VPbjSnZnWP0). O vídeo mostra uma experiência em que se solicitou que crianças completassem um desenho em dez segundos. Esse desenho consistia de quatro círculos dispostos em um círculo, como se ocupassem, em um relógio, as horas 3, 6, 9 e 12. No meio, outro círculo e duas formas cônicas, como se fossem os ponteiros, o menor apontando para onde provavelmente seria o três de um relógio e, o maior, o doze. Então deram dez segundos para as crianças completarem o desenho. O resultado: todos completaram o desenho como se fosse um relógio, que é justamente o que a primeira impressão nos faz lembrar.

Em seguida, deram aos alunos dez minutos para completarem o desenho. Então, como resultado, um festival de criatividade de formas e cores diferentes, com gatos, borboletas, casal, palma da mão, flores e muito mais. Como conclusão do vídeo, com a qual eu concordo completamente, temos que é necessário tempo para que nossas ideias criativas apareçam.

O professor criativo consegue ir além de ser um mero transmissor de seu conteúdo, ele consegue perceber coisas cotidianas que podem ser levadas para a sala de aula e aguçar a curiosidade dos alunos e levá-los a querer aprender.

Se nos contentarmos de levar para a sala de aula apenas giz e apagador, nossas aulas estão fadadas ao fracasso, especialmente com a competição mais atrativa dos recursos disponíveis na internet, onde a comunicação é feita de forma hipermidiática, com imagem, som, texto, tudo misturado.

Há várias sugestões, inclusive na internet mesmo, sobre como melhorarmos nossa criatividade. A seguir deixo algumas ideias que costumo utilizar a fim de aumentar a minha capacidade de ser criativa:

Ideias para aumentar a criatividade

Anote ideias por mais tolas que elas pareçam no início.

Pergunte-se sempre como pode fazer algo de forma diferente.

Brinque de brainstorming, conhecida em português como tempestade cerebral e que consiste em anotar todas as ideias para um problema ou assunto, sem fazer restrições, só anotar tudo o que vier à mente.

Faça listas – de tudo: livros que quer ler, artigos para a casa que precisa comprar, ideias para melhorar a aparência, possibilidades de tornar sua matéria mais interessante, coisas que quer fazer antes de morrer, pessoas que merecem ganhar este livro etc.

Reserve tempo só para si – nem que seja no banheiro (no tópico 39 falo sobre a importância de termos tempo para nós mesmos).

Viaje mais – quando viajamos, entramos em contato com novas formas de ser e ver o mundo.

Preste atenção nas conversas dos alunos, das pessoas nas filas ou dentro do ônibus. Por incrível que pareça, sempre há coisas novas, desconhecidas, hilárias ou curiosas.

Ande mais. Às vezes, ficamos presos demais em nossos carros e acabamos tendo pouco contato com o mundo lá fora. Além disso, caminhar também oxigena mais o cérebro e nos ajuda a ter maior bem-estar e, portanto, estarmos mais propensos a ser criativos.

Sente-se à janela do ônibus. Dizem que é um dos melhores lugares para se pensar na vida, resolver problemas, encontrar soluções. Pegar ônibus e permitir a mente divagar olhando pela janela realmente é bastante benéfico para mim. Aproveite e leve sempre uma caderneta para as ideias que surgirão.

Pergunte aos alunos o que fariam no seu lugar. Precisamos parar de achar que somos tão competentes que só nós podemos dizer como uma aula precisa ser dada. Nossos alunos estão ávidos por nos dizer como poderíamos fazer melhor. Bem, muitos deles vão dar sugestões tais como: falte mais, não dê matéria e coisas assim. Mas, virão algumas ideias realmente brilhantes e que poderão ser aproveitadas gratuitamente.

Durma sem culpa até mais tarde no fim de semana. Aliás, se puder dormir bem todos os dias, melhor ainda. Não acredito que dê para ser criativo quando você está com tanto sono que esteja quase dormindo sentado diante do computador ou da TV.

Tenha sempre papel e caneta. Tenho o hábito de sempre carregar comigo caneta e papel, seja uma caderneta, bloco de *post it*, ou um papel de rascunho dobrado e colocado no bolso da calça. Nunca sei quando terei uma boa ideia e é preciso anotá-la logo. Do contrário, em poucos segundos já não sei sequer o que pensei. Nunca confie na memória. Há ideias que ficam lá, fixas, grudadas, coladinhas. Outras sequer deixam-nos tempo de registrá-las em detalhes. Parecem borboletas voando de um lado a outro. Viu, viu. Não viu, já era.

Acorde mais cedo um dia só para se esforçar para fazer algo novo. Um dia ou outro, talvez o que você precise seja daquele horário em que a casa está em silêncio, as crianças ainda estão dormindo. Então, acorde uma hora mais cedo e estabeleça o que vai fazer para garantir a criação de algo. Pode ser escrever uma crônica ou poesia, desenhar ou pintar um quadro, colocar em prática aquela receita nova, preparar uma atividade diferente para os alunos. Seja o que for, dedique-se por inteiro à atividade.

Assista a vídeos engraçados no YouTube. A procrastinação de vez em quando faz bem. Às vezes estou no meio de uma meta de escrever um determinando número de páginas ou revisar os artigos científicos que preciso publicar. Ainda assim, paro um pouco e vou navegar a esmo na internet. Busco imagens engraçadas, vídeos criativos, paródias e charges ou algo assim, só para "chacoalhar" minha mente para que o lado criativo não fique empoeirado.

Leia histórias motivacionais. Quando lancei meu livro *Histórias que elevam a alma* por conta própria, várias pessoas me escreveram dizendo que aquelas histórias haviam ajudado a refletirem sobre suas vidas e fazerem mudanças. Gosto das histórias que estão no livro justamente pelo poder que elas têm de mexer conosco, fazer-nos pensar sobre nossas vidas e o que podemos mudar.

Vá a lugares diferentes. Se vai sempre ao mesmo shopping, mude de ares. Se só utiliza um caminho para ir ao trabalho, altere a rota um dia. Se não costuma sair no sábado à noite, faça diferente no próximo final de semana. Precisamos mexer em nossa zona de conforto e espantar a mesmice, pelo menos de vez em quando.

Leve bloco de anotação nos conselhos de classe e anote *insights*. Não sei você, leitor deste livro, mas a maioria dos conselhos de classe dos quais participei desde o início de minha formação foram uma grande perda de tempo. Um professor começa a falar mal da turma, outro começa a contar a história de como um aluno foi malcriado com ele e o assunto se estende. Então, leve um caderno e anote coisas que sua mente dita para você enquanto você divaga. E se o conselho de classe for bom, como alguns poucos dos quais tive o privilégio de participar, você ainda pode ter boas ideias para melhorar os conselhos de classe de outros lugares ou aproveitar as coisas que são ditas para aprimorar seus métodos com suas turmas.

Desenvolva um talento. Às vezes estamos tão preocupados que nossos filhos aprendam algo que enchemos suas agendas com cursos de idiomas, aulas de dança, música, pintura, esportes e mais uma infinidade de coisas. Esquecemos que nós mesmos também devemos aprender a vida inteira e, assim, nunca é tarde demais para começarmos a descobrir ou desenvolver um novo talento. Escolha algo que sempre quis aprender, mas nunca teve tempo para fazer, e comece. Pode ser culinária, aula de canto, novo instrumento musical, entre uma gama de talentos que você pode começar a desenvolver.

Tenha um passatempo como palavras cruzadas, por exemplo. Sempre compro revista de palavras cruzadas, nas férias escolares vou fazendo ao longo do semestre, só para passar o tempo mesmo, principalmente com as atividades de caça-palavras. É bom escolher algo simples e que não tome muito tempo, pois nós professores costumamos achar que nosso passatempo favorito é elaborar e corrigir provas. Garanto, não é. Mas ter um passatempo interessante pode abrir espaço em sua mente para fazer questões mais interessantes nas provas também.

Exercite-se. Eu vou falar melhor sobre essa sugestão no tópico 36, mas nunca é demais lembrar da necessidade de exercitarmos nosso corpo para oxigenar melhor nosso cérebro, termos sensação de bem-estar e, portanto, estarmos mais aptos a ter ideias criativas.

Use a pressão do tempo a seu favor. Tem prazo para acabar? Pode ter certeza, então, de que vai terminar. Os integrantes do grupo *Os mamonas assassinas* tiveram uma semana para mostrar que já estavam com dez músicas prontas quando, na verdade, só havia duas na época. Houve explosão de criatividade, pois tinham um prazo determinado para apresentar as músicas para a gravadora que os queria contratar.

Então, como você pode ser mais criativo? Conte suas ideias lá na página: https://www.facebook.com/ProfessoraSolimar

14
Dinamize as aulas

Aulas expositivas bem-preparadas, planejadas e interessantes são excelentes para apresentarmos conteúdo novo ou revisar algum ponto. Contudo, mesmo a comida mais saborosa, se servida dia após dia, será enjoativa. Vai ter uma hora que ninguém vai querer mais. Assim, de igual maneira, é bom dividirmos o tempo de aula para ter atividades variadas e dinamizar o ritmo das aulas.

Enquanto estava escrevendo este livro, vi uma amiga desanimada postar em seu mural no Facebook que estava pensando seriamente se iria ou não para uma capacitação de professores de línguas de um determinado município do Rio de Janeiro. Ela contou que, no encontro anterior, a sugestão havia sido trabalhar com os alunos a cultura americana. Até aí tudo ótimo! Vamos trabalhar cultura, claro! Mas, sabem como? A proposta era levar receita de *cupcakes* e fazer com os alunos essa receita.

Se a proposta fosse apenas trabalhar o gênero receita, dependendo da faixa etária da turma, poderia ser uma atividade até interessante. Entretanto, dizer que vai trabalhar cultura americana fazendo os alunos seguirem uma receita de *cupcakes* é "forçar muito a barra".

Quando falo para dinamizar a aula, muitos alunos logo pensam em algum jogo, muito barulho na sala de aula, competição e premiação no final. Tudo bem. Pode também ter tudo isso. Mas não se restringe a essas coisas. Há atividades dinâmicas e silenciosas, como caça-palavras, por exemplo; outras em que os alunos são colocados para produzir algo, mas não necessariamente para competir, como a criação de cartazes com recortes de revistas ou desenhos. Enfim, há muitíssimas atividades que podemos utilizar, dependendo da turma, do conteúdo, tempo e recursos disponíveis e os objetivos da aula.

Não podemos escolher a dinâmica aleatoriamente. Precisamos conhecê-la e utilizá-la apenas se realmente a atividade for contribuir para a construção do conhecimento do aluno.

Isso me fez lembrar uma turma de licenciatura para a qual eu lecionei a disciplina de Estágio Supervisionado no Ensino Fundamental, há cerca de cinco anos. Os alunos foram solicitados a ministrar uma determinada aula, partindo do princípio que os alunos estavam no segundo ou terceiro bimestre, pois assim, poderiam partir do princípio que algum conteúdo anterior já havia sido dado e, portanto, a ele se remeterem caso sentissem necessidade na hora de dar sua aula. De repente, um dos alunos começou sua aula com uma dinâmica para a atividade de aquecimento.

Entretanto, a dinâmica que ele estava fazendo era de apresentação, dessas que utilizamos como atividade de quebra-gelo no primeiro dia de aula. Não tinha nada a ver com a aula dele nem com o contexto dado: alunos que já estavam na metade do ano estudando juntos. O estudante, futuro professor, apenas achara a dinâmica muito interessante e encaixou no espaço de sua aula, embora ela não servisse para absolutamente nada. Por isso, ao dinamizar a aula, tenha muita cautela. Não dá para escolher uma atividade e colocar no meio da aula, sem ter relação com o que você pretende que seus alunos compreendam, façam, aprendam.

A seguir, apresento algumas sugestões de atividades que podem ser inseridas em nosso planejamento de aula, seja para apresentar novo conteúdo, auxiliar na fixação de conteúdo já trabalhado em sala ou mesmo na fase de produção dos alunos. Há inúmeras outras ideias que podem ser incorporadas às aulas presenciais, de acordo com o conteúdo, tamanho e idade da turma e tempo disponível.

Você pode compartilhar suas ideias diretamente na minha fanpage, para outros professores desfrutarem de suas práticas bem-sucedidas. Basta fazer uma visita à página e deixar seu comentário, contando sua experiência ou compartilhando uma boa sugestão para dinamizar as aulas: www.facebook.com/ SolimarSilva

---

2. Jogos como Cara a Cara, Cuca Legal, *War* e muitos outros podem ser adaptados para as aulas, de acordo com o conteúdo trabalhado na disciplina.

3. Meu livro *Dinâmicas e jogos para aulas de idiomas* (Petrópolis: Vozes, 2012) apresenta quase sessenta sugestões de atividades para se trabalhar na sala de aula de língua estrangeira ou materna. Deve haver inúmeros outros dentro de sua área de atuação também.

18 sugestões para dinamizar as aulas

Palavras cruzadas.

Bingo.

Jogo da velha – com perguntas.

Batata quente.

Jogos infantis[2].

Dinâmicas e jogos[3].

Jogos de tabuleiro.

Desafios.

Gincana.

Estudo de caso.

Seminário.

Alunos monitores.

Estudo dirigido.

Experimentos.

Batalha naval.

Baú de atividades ou questões.

Adereços para peças ou relembrar passagens estudadas.

Objetos relacionados ao conteúdo da aula anterior.

15
Valorize perguntas e contribuições

Às vezes perguntamos algo para a turma e o silêncio é a resposta. Professores inexperientes ficam tensos com o silêncio. Aproveite-o. Espere um pouco. Repita a pergunta se for necessário. Deixe que os alunos tenham tempo para organizar os pensamentos e se arriscarem. Sim, responder ao professor é se arriscar, é se expor ao ridículo até. Por isso mesmo, não ridicularize nunca um aluno que tenha feito uma contribuição em sua aula. Ele precisou se expor ao erro. E talvez ele tenha até errado mesmo. Tente aproveitar ao máximo o que eles falarem. Se errarem completamente, tente investigar o que os levou àquela resposta. Ninguém gosta de errar. Alguma lógica deve ter em sua mente para ele.

Quando fui missionária, passei por um treinamento onde aprendemos, entre outras coisas, a construir nossa apresentação do Evangelho com base nas crenças em comum que as pessoas apresentavam. Não podemos chegar à casa de alguém e, simplesmente, dizer que as crenças delas estão erradas, só porque as nossas são diferentes.

Assim também com nossos alunos, precisamos ser gentis e aproveitar a contribuição dele para a aula. Quando ele sente que teve sua participação valorizada, ele se sente importante, ouvido, respeitado. Isso faz diferença até mesmo para a sua autoestima, especialmente em turmas onde os alunos sofrem o rótulo de serem "burros". Infelizmente ainda há professores que falam que seus alunos precisam comer capim...

Não vai adiantar todo o nosso discurso para a turma, dizendo para fazerem perguntas, que não existem perguntas idiotas, se trucidamos o aluno quando ele abre a boca. Se não entender a pergunta, peça que repita, parafraseie para ver se você entendeu bem, peça o contexto. Como já disse antes, para o aluno pode ter uma lógica completa, enquanto para nós, do alto do nosso saber, não compreendemos como ele pode ter chegado àquela linha de raciocínio.

Isso me fez lembrar uma piada que ilustra a importância de conhecermos o contexto para que o significado seja mais claro:

O que é virgem?

Uma menina chega à cozinha onde a mãe está preparando o jantar, senta-se à mesa e, depois de alguns breves minutos, faz uma pergunta bem direta:

— Mamãe, o que é virgem?

A mãe leva um susto, mas tenta disfarçar. E começa a dar rodeios, escolher as palavras. Diz que ainda é muito cedo para pensar nisso, e, por fim, aconselha a menina a permanecer como está, virgem, virgem.

Então, a menina ainda olhando o rótulo da garrafa que está a sua frente, na mesa, prossegue:

— E o que significa, então, extravirgem?

Desta forma, para auxiliar na valorização das perguntas e contribuições dos alunos, é sempre bom checar seu contexto sociocultural. Ficaremos surpresos em como muitas perguntas antes consideradas estranhas começam a fazer maior sentido.

Organize-se

Otimize tempo e leve menos trabalho para casa. Esse deve ser nosso lema! Você tem agenda? Por onde andam os calendários escolares das escolas? O que faz com as sobras de cópias de tantos exercícios, textos, provas? Você é do tipo que preenche todos os diários na véspera (ou no dia!) do conselho de classe? E como faz o controle de entrega de trabalhos e notas dos alunos?

Certa vez, quando trabalhei em um curso de Inglês e ainda estava aprendendo sua metodologia, sentia que nunca sobrava tempo em aula para fazer a chamada ou lançar a matéria dada. O pior é que uma turma entrava exatamente no horário da saída da outra. Acabei levando os diários para casa e lá estava eu preenchendo matéria dada no meu escasso tempo "livre"! Percebi que só faltava organização, pura e simplesmente. Faltava criar rotinas básicas que me permitiriam não só dar o conteúdo que era necessário para cada aula, como fazer chamada, lançar presenças, recolher trabalhos e aquela infinidade de pequenas tarefas que precisamos executar diariamente.

A partir daquela data, em todas as minhas turmas da educação básica ou superior, ou mesmo nos cursos livres, dispendo os cinco minutos finais para a conclusão da aula, o que envolve fazer a chamada e anotar a matéria dada, passar dever de casa, se houver, ou apenas reservar o tempo para a "fofoca" – coisa que os alunos adolescentes adoram. Isso me permite ter realmente tempo livre. E, então, meus diários ficam organizados, sem estresse, sem ter que ficar forçando a memória para lembrar o que foi dado e tudo isso em menos de cinco minutos. Só lembrando que, se você tem seis turmas, cinco minutos representam cerca de trinta minutos extras por dia!

O fato de planejar a aula com antecedência (tópico 1) ajuda na organização pessoal e, consequentemente, na economia do tempo. Você já sabe exatamente quais equipamentos serão necessários, a quantidade de cópias requeridas, o que fará naqueles dois tempos de aula e, assim, evita a improvisação e sensação de se estar perdido. Imagina ter que ficar perguntando todas as semanas a seus alunos o que deu na aula anterior!

A agenda é uma grande aliada, mas é muitas vezes subutilizada por alguns professores, os quais só a utilizam para os assuntos pessoais ou a fim de fazer anotação das contas a pagar. É na agenda que devemos anotar as datas de trabalhos e provas e suas turmas correspondentes, período de reunião, conselhos de classe, prazos para entrega de modelos de prova, período de avaliação etc. Além disso, pode-se fazer um lembrete dois a três dias antes de uma data específica. Para que confiar tanto na memória? Já temos informação demais para ficar sobrecarregando o cérebro à toa. Dizem que Einsten não memorizava nada que ele pudesse encontrar escrito em algum lugar. Até o telefone de sua casa, quando necessitava do número, recorria à lista telefônica! No tópico 41, abordo em detalhes algumas razões pelas quais devemos registrar tudo.

Há vários formatos de agenda: grande, pequeno, no celular, na nuvem (como a agenda do Google, por exemplo). Basta escolher uma que se adapte a seu ritmo. Eu raramente me lembro de colocar meus compromissos na agenda do celular, então, ele não serve para mim. Tenho um formato de agenda bem pequeno, pois antes me dava preguiça carregar mais um peso juntamente com os livros das aulas. Assim, atualmente tenho a agenda que fica na bolsa e reforço anotando os compromissos e projetos mais relevantes no Google agenda. Daí, imprimo a agenda do mês, para não esquecer de nada e acompanhar meus projetos com uma visão geral dos compromissos de todas as semanas.

Uma caderneta ou pequeno caderno podem ser muito úteis para reunir em um só lugar aquelas várias pequeninas informações que, se não tivermos cuidado, enchem nossa bolsa e se perdem no espaço sideral em que elas se transformam. São recortes de pequeninos papéis com telefone de um colega, dica de livro, uma ideia que surgiu enquanto estava no trânsito. Portanto, com uma caderneta em mãos, você tem tudo em um só lugar e sem risco de perder as informações. Quando uma página já está cheia e todas as informações já foram utilizadas, eu arranco a folha e jogo fora. Mais limpo e muito mais organizado.

O item bolsa é um aspecto importantíssimo, principalmente para as professoras. Dizem que em bolsa de mulher você encontra de tudo. Imagine se ela for professora e só andar com, no mínimo, duas! Já vi muito professor literalmente despejando todos os seus pertences em cima da mesa dos professores só para encontrar a chave do cadeado do armário! Não fui eu, juro, mas confesso que, de vez em quando eu mesma preciso recorrer ao que estou escrevendo aqui no livro para fazer um diagnóstico e uma faxina na minha própria bolsa.

Uma bolsa de mão minimamente organizada deve conter:

- Uma *nécessaire*, na qual constarão os itens de toalete que, por serem muitos e pequenos se espalham e causam confusão.

• Um estojo para todos os artigos de trabalho – várias canetas, lápis ou lapiseira, borracha, corretivo líquido, apontador ou grafite, uma tesourinha e, se quiser, canetinhas e lápis de cor.

• Uma carteira com os documentos pessoais (originais ou xerox), organizados.

• Aparelho celular.

• Guarda-chuva – afinal nem sempre se sabe quando vai chover.

• Chaves – acondicionadas nos bolsos internos ou externos, mas nunca apenas jogadas no fundo da bolsa.

Pronto, uma bolsa prática, organizada e sem transtornos na hora de se procurar algum item.

Na pasta ou bolsa-sacola, onde carregamos os trabalhos dos alunos, podemos optar pelo uso de pastas com elástico, uma para cada turma ou disciplina ou, ainda, para cada escola, dependendo do que melhor facilitará a visualização e manuseio do material acondicionado. No tópico 42 eu falo um pouco mais sobre essas pastas e como o uso de cores pode auxiliar na organização do material. São itens simples que vão auxiliar na boa conservação das folhas, para evitar que sejam amassadas ou rasgadas.

Nossa mesa de estudos merecia até um capítulo à parte. Geralmente os professores, não me perguntem por qual razão, se acham super-heróis, capazes de fazer tudo ao mesmo tempo: preparar a aula da 501, enquanto elabora o teste da 703, lê aquele livro sobre psicologia da aprendizagem e encapa o caderno dos filhos. Resultado: um caos em cima da mesa e todas as tarefas só iniciadas e deixadas de lado.

Uma coisa de cada vez. Simples, não é? Determine um tempo realista para determinada tarefa e dedique-se a ela completamente até o fim. Ao acabar, guarde tudo o que não for necessário e parta para a tarefa seguinte. Mesa limpa e, sobre ela, apenas o serviço que está sendo executado naquele instante. Parece cenas de um filme? Garanto que dá, sim. Eu aqui consigo ficar com a minha limpinha por umas vinte horas seguidas, principalmente nos dias em que eu não estou em casa... Tente!

Por outro lado, há uma controvérsia, pois saiu um estudo de uma universidade americana afirmando que mesa bagunçada é sinal de criatividade. Então, eu deveria ter incluído lá no tópico 13 essa dica para aumentar a criatividade.

Porta-trecos, folhas, calendário, material de escritório variado, como canetas, tesoura, cola, fita adesiva, entre outros, merecem o investimento da compra e no tempo de organização itens para que tenhamos tudo à mão, evitando desperdício de tempo de se levantar a cada instante que necessitar de algo.

Os armários da escola, quando temos a sorte de ter um, geralmente viram um depósito de provas não entregues, sobras de exercícios, ata de reunião passada, livros e revistas que juramos que íamos ler, bilhetinhos de alunos. Quando nos damos conta, não há mais espaço nele. Promova uma faxina pelo menos uma vez por bimestre ou, ao menos, uma ao fim de cada semestre.

As folhas que não servem mais podem ser usadas como rascunhos; provas e trabalhos, devolvidos; livros e revistas, se mantidos, podem ser organizados por tamanho ou periodicidade de uso. Aproveito para deixar uma pequena maleta de plástico onde coloco lápis de cor, giz de cera e muitas canetas para quadro branco e seus refis. Eles acabam quando menos esperamos. A meta é ter um armário em que você consiga achar qualquer coisa entre vinte a trinta segundos. Eu coloco ainda um calendário na parte interna da porta e um gancho, onde penduro uma sacola de veludo que serve para algumas dinâmicas de aulas a qualquer instante.

Um pequeno armário de arquivo ou mesmo aquelas caixas de arquivo suspensas, menores, são muito úteis na vida de um professor bem-sucedido. Afinal, como manter controle dos artigos, recortes, textos, listagens, exercícios e uma infinidade de coisas interessantes para usar em uma aula? Podemos utilizar um arquivo de duas gavetas, pastas com elástico ou, ainda melhor, manter tudo digitalizado. A escolha é sua. Mas o arquivo tem que ser funcional. Tem que haver pastas por assunto, permitindo encontrar o documento rapidamente. Por isso, antes de arquivar qualquer coisa, há que se passar pelo crivo das perguntas:

• Realmente quero ou preciso disto?

• Utilizei alguma vez desde que separei?

• Em que aula poderei efetivamente utilizar essa informação?

E, por favor, uma faxina anual é sempre bem-vinda para não se acumular papéis que nunca são utilizados justamente porque sequer podem ser encontrados no meio de tanta confusão.

Abaixo apresento uma sugestão de ferramenta de organização pessoal, para as pessoas que não gostam de utilizar agendas. Serve também para ter uma noção de blocos de trabalho na semana, especialmente quando trabalhamos em projetos ou mesmo para sinalizar onde estaremos em cada dia da semana seguinte.

Ferramenta de planejamento semanal						
Domingo	Segunda	Terça	Quarta	Quinta	Sexta	Sábado
6	6	6	6	6	6	6
7	7	7	7	7	7	7
8	8	8	8	8	8	8
9	9	9	9	9	9	9
10	10	10	10	10	10	10
11	11	11	11	11	11	11
12	12	12	12	12	12	12
13	13	13	13	13	13	13
14	14	14	14	14	14	14
15	15	15	15	15	15	15
16	16	16	16	16	16	16
17	17	17	17	17	17	17
18	18	18	18	18	18	18
19	19	19	19	19	19	19
20	20	20	20	20	20	20
21	21	21	21	21	21	21
22	22	22	22	22	22	22
23	23	23	23	23	23	23

Anotações:

O modelo acima apresenta o dia com intervalos de uma hora. Eu geralmente faço o meu planejamento com intervalos de trinta minutos, visto que há atividades e projetos aos quais nos dedicamos por menos de uma hora por dia. É o caso de querermos agendar uma atividade física diariamente, quando trinta minutos são o suficiente. Ou quando, por exemplo, comecei a estudar Francês sozinha por meia hora, todas as manhãs.

Para o planejamento mensal, costumo utilizar o Google agenda, pois lanço as atividades previstas e, mensalmente, imprimo para ter uma visão geral dos compromissos assumidos.

Também, se preferir, pode-se imprimir a página do mês em branco para anotar tarefas, reuniões e outras atividades futuras. Assim, ao invés de só ter a noção de dias, com uma agenda tradicional ou mesmo a visão da semana com o modelo proposto acima, com esse recurso consegue-se ter uma noção do que é preciso ser feito durante o mês inteiro. Isso facilitará na organização e gerenciamento do tempo, pois ter uma visão geral do mês, facilitará no planejamento semanal e na otimização do tempo ao planejar cada dia.

Segue o modelo de calendário mensal gerado a partir do site. Contudo, é possível encontrar vários modelos disponíveis na internet ou criar o seu próprio modelo.

Planejamento mensal

Domingo	Segunda	Terça	Quarta	Quinta	Sexta	Sábado
1	2	3	4	5	6	7
8	9	10	11	12	13	14
15	16	17	18	19	20	21
22	23	24	25	26	27	28
29	30	31	1	2	3	4

Esses modelos podem ser encontrados diretamente na minha fanpage: www.facebook/SolimarSilva

17
Não reclame

A sala dos professores, um pouco antes da entrada e na hora do recreio, parece um grande muro das lamentações: "Os alunos não querem nada", "Eles estão impossíveis", "Turma x é insuportável", "Aluno y é mal-educado", "A prefeitura mudou tudo", "O estado estagnou", "O país vai de mal a pior". Se dermos atenção a todo tipo de reclamação, saímos de lá de baixo-astral e com muita raiva do mundo. Ao chegar à sala de aula achará até mesmo que está em uma trincheira e começa a disparar para todos os lados. Pior ainda é quando a reclamação acontece perante os alunos. Até parece que eles podem resolver todas as mazelas da Educação.

Escrevi algumas seções do livro *Dinâmicas e jogos para aulas de idiomas* (Editora Vozes, 2012) na sala dos professores! Comecei a reunir para mim mesma as ideias que eu já havia aplicado em minhas aulas, tanto em escola como em cursos de idiomas. Então, ao invés de participar dos grupos que ficavam reclamando o tempo todo, eu me concentrava em compartilhar com outras pessoas algumas atividades que podem auxiliar os alunos a melhorarem seu desempenho oral na língua materna ou estrangeira.

Lógico que não estou dizendo para não reclamarmos no momento e lugar certos. Precisamos melhorar nossas condições de trabalho, salário, infraestrutura e uma infinidade de outros itens que devem entrar na pauta de discussão. Todavia, não será na sala dos professores que conseguiremos resolver as questões pela quais devemos lutar. Ficar se lamentando o tempo inteiro com um colega só vai nos tornar uns chatos.

É importante que conheçamos a legislação, a fim de estarmos cientes dos nossos deveres e direitos como professores. Para isso, sugiro a leitura atenta da seção XII da CLT (Consolidação das Leis do Trabalho), artigos 317 a 324, para quem atua em estabelecimentos particulares de ensino e a própria LDB (Lei de Diretrizes e Bases da Educação), 9.394, de 20/12/1996, e suas atualizações subsequentes, para quem é professor da rede pública de ensino. O artigo 7 da Constituição Federal também apresenta os direitos dos trabalhadores brasileiros. Por fim, cabe a nós também acompanharmos resoluções, decretos-leis e acordos ou convenções coletivas da classe.

No artigo 67 da LDB temos os direitos do professor atuante no magistério público. Em resumo são esses:

• Ingresso, exclusivamente, por concurso de provas e títulos.

• Aperfeiçoamento profissional continuado, inclusive com licenciamento periódico remunerado para esse fim.

• Piso salarial profissional.

• Progressão funcional baseada na titulação ou habilitação, e na avaliação do desempenho.

• Período reservado a estudos, planejamento e avaliação, incluído na carga de trabalho.

• Condições adequadas de trabalho.

O artigo 13 apresenta os deveres:

• Participar da proposta pedagógica da escola.

• Elaborar um plano de trabalho docente, segundo a proposta pedagógica do estabelecimento de ensino.

• Zelar pela aprendizagem dos alunos.

• Elaborar estratégias para os alunos de menor rendimento.

• Ministrar os dias letivos e horas-aula estabelecidos, além de participar integralmente dos períodos dedicados ao planejamento, à avaliação e ao desenvolvimento profissional.

• Colaborar com as atividades de articulação da escola com as famílias e a comunidade.

Conheça seus direitos e lute por eles. Busque melhorias para sua atuação no magistério. Contudo, só não reclame na hora e lugar errados. Vá para a sala de aula com atitude e energia positivas!

18
Olhe nos olhos

Em uma das escolas onde trabalhei, conheci uma das pessoas mais competentes e envolvidas com a Educação, a Professora Rosane, coordenadora pedagógica daquela escola. Alguns anos depois, tive a felicidade de reencontrá-la novamente em outra escola, na qual trabalho atualmente.

Foi ela quem, em uma reunião de conselho de classe, lembrou a todos nós, professores presentes, que devíamos olhar mais nos olhos dos nossos alunos. Olhar e ver naqueles olhos o olhar de nossos filhos. Na época, eu ainda não tinha filho, mas não foi difícil compreender a mensagem de que deveríamos prestar mais atenção em cada vida ali presente diante de nós.

Devemos nos perguntar o que aqueles olhos querem nos dizer. Alguns não nos olham diretamente no olho, desviam, desconversam. Outros, encaram desafiadoramente. Há os olhares mais marotos, travessos, traquinas. Há os olhares cheios de luz e vida. Outros, desesperançados. Todos esses olhares estão ali diante de nós. E isso me faz lembrar uma história que ilustra bem essa necessidade de *olharmos* e *vermos* mais nossos alunos. Conto a história ao final desse tópico, para que possamos refletir mais sobre a importância de nos darmos conta da presença de nossos alunos em nossas salas de aula.

Muitas vezes estamos preocupados demais em *passar o conteúdo*, que nos esquecemos que o nosso trabalho é com gente. Precisamos ter tempo para conhecer, conversar, dialogar, entender.

Uma ex-aluna me contou que fizera um curso sobre como falar em público em que foi orientada a concentrar o olhar para um ponto fixo no final da sala e começar a falar olhando para aquele ponto imaginário. Eu me assustei. Ela ia falar para um ponto imaginário! E ele faria perguntas, por acaso? Afinal, estamos dando aula para quem? Precisamos olhar para a plateia. Acho que essa é que deveria ser a regra para falar em público, especialmente um público pequeno: olhar a todos nos olhos e tentar sentir o que eles querem nos dizer. Precisamos olhar nos olhos e mostrar o quanto nos importamos com nossos alunos. De verdade.

Eles foram meus alunos!

Tenho ensinado no ginásio por muitos anos; durante esse tempo, eu lecionei, entre outros, a um assassino, a um evangelista, a um ladrão, a um psicótico e a um pugilista.

O assassino era um meninozinho que sentava no lugar da frente e me olhava com seus olhos muito azuis. O evangelista era o mais popular da escola, era líder dos jogos entre os mais velhos. O pugilista ficava parado perto da janela e de vez em quando soltava uma gargalhada que até fazia tremer os gerânios. O ladrão era um coração alegre, diria libertino, sempre uma canção jocosa em sua boca... O psicótico, um pequenino animal de olhar macio, dócil, sempre procurando as sombras.

Hoje, o assassino espera a morte numa penitenciária do estado. O evangelista está enterrado, há um ano, no cemitério da vila. O pugilista perdeu a vida numa briga em Hong-Kong. O ladrão, na ponta dos pés, pode ver da prisão, as janelas de meu quarto. O psicótico de olhar macio e dócil bate com a cabeça na parede forrada de uma cela, no asilo municipal.

Eu devo ter sido uma grande ajuda para estes alunos... Eu lhes ensinei por que se evapora a água, os nomes das plantas, a classificação dos animais e uma porção de coisas que eu próprio nunca vi, nem valorizei e tampouco acreditava.

(Fonte: Internet)

19
Ame seus alunos

Certa vez fui chamada para dar uma palestra sobre o papel da felicidade no processo ensino-aprendizagem. Como de costume, a fim de personalizar a apresentação, perguntei à direção da escola quais pontos gostariam que fossem enfatizados. A resposta foi a necessidade de autoestima profissional e melhoria na qualidade dos relacionamentos professor-aluno.

Muito bem. Estava eu quase no fim da palestra quando uma professora levantou a mão e disse: "Tudo muito bonito, Solimar. Só que eu não sou paga para amar meus alunos, não". Eu respondi: "É verdade. Somos pagos para lecionar, educar, ministrar nossa disciplina. Afinal, esse é nosso trabalho. Não somos pagos para amar. Amar se faz de graça. Já está na lei que diz 'ama ao próximo como a ti mesmo'. O amor tem que ser gratuito. Se formos pagos para amar, não é amor".

Eu tinha um aluno chamado Lucas, que era aquele tipo de aluno ao qual logo rotulamos: "Não quer dada com nada". Bagunceiro, preguiçoso, não fazia nada. De repente, Lucas mudou em minhas aulas. O que fiz? Um gesto simples, não intencional. Ele precisava de ajuda para entender um ponto da matéria, parei ao lado dele, expliquei novamente, designei outro aluno para acompanhar mais de perto, tirando suas dúvidas – enquanto eu atendia outros alunos, voltei para ver o resultado e elogiei sinceramente os esforços dele perante a turma. Pronto, na aula seguinte, Lucas estava com todo o dever pronto e foi o primeiro a querer me mostrar o caderno. Ele entendeu o pequeníssimo gesto de amor.

Eles percebem quando nós amamos a turma. A nossa energia boa, positiva, viva é irradiada por todos os poros e sai pelos nossos olhos amorosos. Certa vez alguém disse que era impossível esconder o amor onde ele está presente e fingir um amor que não existe. De certa forma, muito verdadeiro isso. Professor tem que amar trabalhar com gente! Amar seus alunos.

Esse amor é ilustrado por uma outra história da qual eu gosto muito:

Eu amava aqueles garotos

Um professor universitário levou seus alunos de Sociologia às favelas de Baltimore para estudar as histórias de duzentos garotos. Pediu a eles que redigissem uma avaliação sobre o futuro de cada menino.

"Eles não têm chance alguma."

Vinte e cinco anos mais tarde, outro professor de Sociologia deparou-se com o estudo anterior. Pediu aos seus alunos que acompanhassem o projeto, a fim de ver o que havia acontecido com esses garotos. Com exceção de vinte deles, que haviam se mudado ou morrido, os estudantes descobriram que 176 dos 180 restantes haviam alcançado uma posição mais bem-sucedida do que a comum, como advogados, médicos e homens de negócios.

O professor ficou intrigado e resolveu continuar o estudo.

Felizmente, todos os homens continuavam na mesma área e ele pôde perguntar a cada um:

"A que você atribui o seu sucesso?"

Em todos os casos, a resposta veio com sentimento:

"A uma professora".

A professora ainda estava viva; portanto, ele a procurou, perguntando à senhora idosa, embora ainda ativa, que fórmula mágica havia usado para resgatar esses garotos das favelas para um mundo das conquistas bem-sucedidas.

Os olhos da professora faiscaram e seus lábios se abriram num delicado sorriso:

– É realmente muito simples – disse ela.

– Eu amava aqueles garotos.

Eu realmente espero que meus alunos tenham sucesso em suas vidas. Eu acredito que é possível, mesmo quando nem eles mesmos parecem acreditar. Sei que, às vezes, aliás, muitas vezes, é frustrante para o professor estar em uma sala de aula em que a maioria parece não estar interessado. Afinal, sabemos que parece que a educação deixou de ser prioridade das pessoas há bastante tempo. Entretanto, quando um aluno se torna bem-sucedido e você sente que fez parte desse processo, é uma das maiores alegrias existentes. É reflexo de nosso verdadeiro sucesso como professores.

Alguns dos meus grandes amigos foram meus alunos, talvez pelo simples fato de eu amá-los primeiro.

20
Conte histórias

Adoro histórias. Dessas que fazem refletir, sonhar, que inspiram, elevam ou enchem-nos de esperança. Usava-as esporadicamente com meus alunos dos níveis Fundamental e Médio, contudo, tornei-me uma adepta à contação dessas histórias após algumas experiências como professora universitária nos cursos noturnos. Ao final de cada aula eu encerrava com uma história. Simplesmente achava que ajudava a relaxar antes de dizer "boa-noite" e me despedir até a semana seguinte.

No final de um dos períodos, ao pedir que as alunas do curso de Pedagogia me avaliassem (no tópico 23 falo sobre a importância de buscarmos feedback), uma aluna, Morgana, escreveu assim: "Sempre conte histórias. Elas nos motivam a não desistir".

Passei a encarar com maior seriedade meu hábito de contar histórias. Logo, vários alunos me pediam cópias, enquanto outros passaram a levar suas contribuições para a sala. Recebi vários e-mails e conversas com alunos que diziam que ansiavam pelo momento da história para elevarem suas almas.

Para os alunos adolescentes o efeito é o mesmo. Eles apreciam porque sentem-se "ensinados, sem ser com sermão", como expressou um aluno um dia. Histórias levam-nos a refletir suas ações, decisões, medos.

Não precisa contar histórias prontas. Conte as *suas* histórias. Humanize suas aulas ao falar dos desafios vencidos, obstáculos enfrentados, dos sucessos, medos e ansiedades, como conseguiu vencer.

Houve uma aluna de licenciatura em Biologia que me contou que, em seu estágio, precisou entrar em uma turma sozinha, pois o professor faltara. A turma estava em plena algazarra, provavelmente testando os novos limites (veja o tópico 4).

A aluna contou que foi bastante desafiador conseguir a atenção de todos eles durante sua exposição. De repente, continuou a aluna, lembrou-se do que sentia enquanto eu contava histórias em sua turma. Recordou a última história que fora contada e resolveu compartilhá-la. Silêncio total. Todo mundo atento. Olhinhos brilhando. E palmas quando terminou. Eu sei. Ela também soube: o que ela acabara de fazer foi tocar a alma de cada um daqueles alunos.

Experimente. Conte histórias. Para auxiliar, compartilho a seguir uma das minhas histórias favoritas, que pode ser encontrada no livro *Histórias que elevam a alma* (disponível de forma impressa ou no formato digital para *tablets* e *smartphones*):

Escola de anjos

Era uma vez, há muitos e muitos anos, uma escola de anjos. Conta-se que naquele tempo, antes de se tornarem anjos de verdade, os aprendizes de anjos passavam por um estágio. Durante um certo período, eles saíam em duplas para fazer o bem e no final de cada dia, apresentavam ao anjo mestre um relatório das boas ações praticadas. Aconteceu então, um dia, que dois anjos estagiários, depois de vagarem exaustivamente por todos os cantos, regressavam frustrados por não terem podido praticar nenhum tipo de salvamento sequer. Parece que naquele dia, o mal estava de folga. Enquanto voltavam tristes, os dois se depararam com dois lavradores que seguiam por uma trilha. Neste momento, um deles, dando um grito de alegria, disse para o outro:

– Tive uma ideia. Que tal darmos o poder a estes dois lavradores por quinze minutos para ver o que eles fariam?

O outro respondeu:

– Você ficou maluco? O anjo mestre não vai gostar nada disto!

Mas o primeiro retrucou:

– Que nada, acho que ele até vai gostar! vamos fazer isto e depois contaremos para ele.

E assim o fizeram. Tocaram suas mãos invisíveis na cabeça dos dois e se puseram a observá-los. Poucos passos adiante eles se separaram e seguiram por caminhos diferentes.

Um deles, após alguns passos depois de terem se separado, viu um bando de pássaros voando em direção à sua lavoura, e passando a mão na testa suada disse:

– Por favor meus passarinhos, não comam toda a minha plantação! Eu preciso que esta lavoura cresça e produza, pois é daí que tiro o meu sustento.

Naquele momento, ele viu espantado a lavoura crescer e ficar prontinha para ser colhida em questão de segundos. Assustado, ele esfregou os olhos e pensou: "Devo estar cansado" e acelerou o passo.

Aconteceu que logo adiante ele caiu ao tropeçar em um pequeno porco que havia fugido do chiqueiro. Mais uma vez, esfregando a testa ele disse:

– Você fugiu de novo meu porquinho! Mas, a culpa é minha, eu ainda vou construir um chiqueiro decente para você.

Mais uma vez espantado, ele viu o chiqueiro se transformar num local limpo e acolhedor, todo azulejado, com água corrente e o porquinho já instalado no seu compartimento. Esfregou novamente os olhos e apressando ainda mais o passo disse mentalmente: "Estou muito cansado!"

Neste momento ele chegou em casa e, ao abrir porta, a tranca que estava pendurada caiu sobre sua cabeça. Ele então tirou o chapéu, e esfregando a cabeça disse:

– De novo, e o pior é que eu não aprendo. Também, não tem me sobrado tempo. Mas ainda hei de ter dinheiro para construir uma grande casa e dar um pouco mais de conforto para minha mulher.

Naquele exato momento aconteceu o milagre. Aquela humilde casinha foi se transformando numa verdadeira mansão diante dos seus olhos. Assustadíssimo, e sem nada entender, convicto de que era tudo decorrente do cansaço, ele se jogou numa enorme poltrona que estava na sua frente e, em segundos, estava dormindo profundamente. Não houve tempo sequer para que ele tivesse algum sonho.

Minutos depois ele ouviu alguém gritar:

– Socorro, compadre! Me ajude! Eu estou perdido!

Ainda atordoado, sem entender muito o que estava acontecendo, ele se levantou correndo. Tinha na mente, imagens muito fortes de algo que ele não entendia bem, mas parecia um sonho. Quando ele chegou na porta, encontrou o amigo em prantos. Ele se lembrava que, poucos minutos antes, eles se despediram no caminho e estava tudo bem. Então perguntando o que havia se passado ele ouviu a seguinte estória:

– Compadre nós nos despedimos no caminho e eu segui para minha casa, acontece que poucos passos adiante, eu vi um bando de pássaros voando em direção à minha lavoura. Este fato me deixou revoltado e eu gritei: "Vocês de novo, atacando a minha lavoura, tomara que seque tudo e vocês morram de fome!" Naquele exato momento, eu vi a lavoura secar e todos os pássaros morrerem diante dos meus olhos! Pensei comigo, devo estar cansado, e apressei o passo. Andei um pouco mais e cai depois de tropeçar no meu porco que havia fugido do chiqueiro. Fiquei muito bravo e gritei mais uma vez: Você fugiu de novo? Por que não morre logo e para de me dar trabalho? Compadre, não é que o porco morreu ali mesmo, na minha frente. Acreditando estar vendo coisas, andei mais depressa, e ao entrar em casa, me caiu na cabeça a tranca da porta. Naquele momento, como eu já estava mesmo era com raiva, gritei novamente: "Esta casa... caindo aos pedaços, por que não pega fogo logo e acaba com isto?" Para surpresa meu compadre, naquele exato momento a minha casa pegou fogo, e tudo foi tão rápido que eu nada pude fazer! Mas...compadre, o que aconteceu com a sua casa?... De onde veio esta mansão?

Depois de tudo observarem, os dois anjos foram, muito assustados, contar para o anjo mestre o que havia se passado. Estavam muito apreensivos quanto ao tipo de reação que o anjo mestre teria. Mas tiveram uma grande surpresa: o anjo mestre ouviu com muita atenção o relato, parabenizou os dois pela ideia brilhante que haviam tido e resolveu decretar que, a partir daquele momento, todo ser humano teria quinze minutos de poder ao longo da vida. Só que, ninguém jamais saberia quando estes quinze minutos de poder estariam acontecendo. Por isso, é muito importante tomar cuidado com o que falamos, pois as palavras têm grande poder.

Será que os próximos quinze minutos serão os seus? Então, use-os para contar boas histórias que toquem os corações!

Fale a língua deles

Às vezes estamos preocupados demais em ensinar a língua padrão a nossos alunos, corrigir o seus "erros", que esquecemos de aprender a nos comunicarmos efetivamente com eles, ao saber um pouco mais a língua deles.

Certa vez, uma turma estava falando que um determinado professor só falava palavras rebuscadas e difíceis e eles ficavam sem entender pelo menos metade das aulas. O professor partia do pressuposto que os alunos do nono ano do Fundamental deveriam conhecer palavras como *paradigma, abruptamente, idiossincrasia,* entre outras palavras que um adolescente não costuma ouvir em seu dia a dia. Pareciam estrangeiros na sala de aula de língua materna.

Por outro lado, o professor certamente desconhece o vocabulário que o aluno leva para a sala de aula também. Há tempos, um aluno pediu para sair da sala de aula com a desculpa de que ele ia ao banheiro. Assim que ele saiu, alguns alunos se alvoroçaram dizendo:

— Professora, não era para deixar, não. O fulano vai *xisnovear* a gente!

— Hã?!?!

Até eles me explicarem que o novo verbo que me apresentavam tinha a ver com a expressão x-9 e que, portanto, estavam preocupados com o colega que ia contar para a direção alguma coisa que eles tinham aprontado, já era tarde. O aluno já estava quase voltando.

A nossa língua é viva e, por isso, novas palavras e expressões surgem (e morrem) a cada dia. Outro dia cheguei à sala de aula e havia um menino que não parava quieto, mesmo eu tendo feito o sinal para a turma de que queria falar: levantar minha mão direita e esperar um pouco pelo silêncio da turma. Depois que todos pararam de falar, o aluno ainda continuava de costas para mim, puxando assunto com outro colega. Eu falei, em tom brincalhão, mas chamando a atenção dele: "Ei, fulano, *se manca!*"

A turma caiu na gargalhada. Mancar para eles é palavra totalmente desconhecida ou apenas sinônimo de coxear. Como não conseguiam apreender o que eu estava querendo produzir, o riso foi geral. Eles não entendiam algo que, para mim, era tal banal. Na verdade, talvez nem mesmo você, leitor mais jovem, deve conhecer essa expressão. *Se mancar* é um regionalismo brasileiro que, pelo visto está virando arcaico e significa "perceber a inconveniência de sua própria atitude". Existe até mesmo um medicamento imaginário recomendado para aqueles que não *se mancam:* é o semancol (ou simancol). Só aí já vale uma aula.

Aproveitei que estava escrevendo este capítulo e fiz uma sondagem rápida em uma das turmas do nono ano para saber que expressões eles utilizam hoje em dia. Algumas expressões são velhas conhecidas minhas, tais como: *Tá maluco? Tá ligado? Essa parada* e outras do gênero.

Outros termos eu só conhecia um sentido – lógico, não o empregado pelos alunos – ou desconhecia completamente o significado:

Suavizão – aumentativo de *suave*, outra gíria, que quer dizer que está tudo bastante tranquilo, sem problemas.

Passa a visão – usado para saber as últimas notícias (fofocas, acontecimentos). Por exemplo, ligo para um pessoa que está em uma festa e peço para me informar como está a festa. *Passa a visão aí.*

Pega a fita – não é para ir a uma loja de aviamentos. Significa que é para a pessoa prestar atenção.

Papo 10 – não quer dizer que você teve uma conversa muito boa com alguém. Apenas confirma que algo que está dizendo é verdade, é sério. O rapaz diz que ficou com a garota mais bonita da escola na festa do último final de semana. Os outros não acreditam, acham que é mentira. E ele diz: *Fiquei, sim, é papo dez.*

E teve até *carendá* – que os alunos me disseram que quer dizer que uma moça é muito "rodada", isto é, namora muitas pessoas.

Todavia, falar a língua dos alunos é muito mais do que conhecer algumas gírias e expressões ou checar a compreensão deles acerca do que estamos dizendo em sala de aula. No tópico 33 falo sobre a importância de assistirmos aos programas *deles* para podermos aprender melhor a falar sua língua. Aliás, o que realmente queremos dizer quando afirmamos que alguém *fala a nossa língua*? Dizemos que a pessoa nos entende, que dialoga, compreende as angústias, partilha de experiências semelhantes, está em harmonia conosco.

É isso que nossos alunos sentem quando veem em nós não apenas um transmissor de "saberes", mas alguém real, de carne e osso e que, inclusive, algum dia, já foi aluno também – criança, adolescente, jovem ou adulto. Assim, esforce-se por falar a mesma língua que seus alunos.

Inspire

Etimologicamente, o verbo *inspirar* vem do latim *inspirare*. Ele tem vários significados literais e figurados. O primeiro desses significados, o mais literal é: inserir ar nos pulmões; inspirar o ar. Faça isso muitas vezes ao dia. Inspire profundamente. Precisamos inspirar antes de responder a uma provocação ou falta de educação de um aluno, antes de entrar em sala para sentirmos mais calma, o tempo inteiro para encontrarmos equilíbrio.

Inspire. Expire. Sem pressa. Até mesmo para falar precisamos de ar na medida certa, para não sobrecarregar os músculos fonadores, isto é, a "garganta".

Contudo, inspirar é ainda muito mais. No sentido figurado, encontrei vários sentidos para esse verbo. Veja na tabela abaixo:

Significados figurados do verbo *inspirar*	
Sugerir.	Inspirar uma boa ou má ação.
Fazer nascer o entusiasmo criador.	A musa inspira os poetas.
Executar ou obter alguma autoridade ou influência sobrenatural.	Jesus tem inspirado milhões de cristãos.
Fazer nascer no coração, no espírito, um sentimento, um pensamento, um desígnio.	Inspirar respeito ou ódio.
Servir-se das ideias, das obras de outrem.	Inspirar-se em boas leituras.

E este tópico está principalmente relacionado aos significados acima. Há professores que parecem ter o dom de tocar almas. Há diversas histórias reais transformadas em produções cinematográficas maravilhosas. E há muito mais outras anônimas, mas que fazem a diferença na vida daqueles que têm o privilégio de estar na sala de aula de professores assim.

Rubem Alves certa vez disse que aprendemos por amor ao mestre. É verdade. Mesmo as matérias com as quais não temos muita afinidade tornam-se muito melhores com um professor que nos inspira, que mostra a relevância do que estamos estudando e, ainda melhor, nos lembra da importância da vida, dos sonhos e das metas acima de qualquer matéria escolar.

O professor que inspira é aquele que faz nascer o entusiasmo criador que, muitas vezes, está em estado embrionário e adormecido. Ele reconhece algum talento, percebe alguma habilidade, incentiva, elogia, aplaude. Simplesmente deixa o outro brilhar.

Esse professor, assim, inspira respeito, admiração, carinho. Ele inspira os melhores sentimentos em seus alunos. Por isso que duas turmas podem ser caracterizadas diferentemente por diversos professores. Quando eu trabalhava no Instituto Menino Jesus, a primeira escola na qual lecionei Língua Portuguesa, lembro-me de uma turma "terrível", a 1001, primeiro ano do Ensino Médio. Era unanimidade entre os professores na hora das reclamações. Turma grande, desatenta, com muitos alunos desinteressados e bagunceiros. Eu mesma tinha que inspirar muito profundamente para dar aula para eles e suspirava de alívio quando a aula acabava. Entretanto, a professora de História vivia elogiando o talento de um, o trabalho apresentado por outro, o gesto carinhoso de um terceiro. Que turma maravilhosa, dizia ela.

103

A turma era a mesma. Mas a forma de agir e inspirar os alunos daquela professora era bem diferente de todos nós. Foi então que comecei a aprender um pouco mais sobre o poder que temos de inspirar bons sentimentos em nossos alunos, de modo a exercer certa autoridade – sem autoritarismo – sobre eles. Aqueles meninos e meninas da turma amavam aquela professora, porque ela inspirava neles o que melhor havia dentro deles mesmos.

23

Busque *feedback*

Professores avaliam o tempo inteiro. Não apenas através de provas, testes, trabalhos. Sobre isso conversamos em detalhes no tópico 6 – *Corrija os trabalhos*. É possível avaliar também em nossa observação atenta, por meio de exercícios ou da sondagem dos conhecimentos prévios dos alunos. Avaliamos o "estado de espírito" dos alunos e suas dúvidas, ao olharmos nos seus olhos também, como vimos no tópico 18. O tempo inteiro fazemos julgamentos, levantamos hipóteses e atribuímos valores.

Lógico que também somos avaliados incessantemente. Duvida? Experimente ir com uma camisa florida, bem estilo havaiano. Ou, professoras, tire a saia "balonê" do baú e apareçam na sala de aula.

Será que buscamos saber com nossos alunos os aspectos positivos e pontos a melhorar em nossa prática pedagógica? Quem melhor que eles para nos dar uma avaliação tão direta, franca e honesta?

Uma professora estava criticando a direção da escola dela, a qual havia iniciado um processo de avaliação em que os alunos apontavam pontos positivos e negativos das aulas dos professores. Essa professora estava irada. Dizia que não seriam os alunos que iam ensiná-la a dar aula, perguntava quem eram eles para avaliar uma aula de um professor. Eu fiquei quieta, mas imaginei que não precisamos ser *chefs* ou cozinheiros mesmo para avaliar se uma comida está saborosa ou não. Eles não precisam entender de metodologias de ensino, teorias de aprendizagem ou mesmo o básico da nossa disciplina para poder avaliar um professor. E isso em todos os níveis de ensino.

Eu uso várias maneiras para os alunos me avaliarem. Às vezes eu o faço bimestral ou semestralmente. Outras, ao fim do período ou ano. Algumas vezes, ainda, ao final de cada aula ou determinada atividade. Depende do objetivo e da necessidade de receber um retorno mais imediato. Às vezes, só queremos mesmo ver se os alunos curtiram uma nova maneira de apresentarmos o conteúdo. Então, tem que ser avaliado logo após a aplicação da atividade. Outras, queremos ter uma ideia do nosso desempenho ao longo de um período maior, como encerramento de um bimestre ou de um curso semestral ou, ainda, ao final de um projeto com a turma.

Abaixo, listo alguns dos instrumentos que costumo aplicar para os alunos me avaliarem:

Algumas formas de receber *feedback* dos alunos
Entrego a cada um uma tira de papel e peço que eles escrevam três pontos positivos e três que precisam ser melhorados – pode ser em relação às aulas ou mesmo no relacionamento com a turma.
Entrego uma folha ou peço que tirem uma folha do caderno e escrevam um depoimento acerca das nossas aulas. Peço que incluam o que gostam, não gostam, o que mudariam, o que gostaria que fosse repetido ou outras ideias que eles julguem pertinentes compartilhar.
Depois de alguma atividade mais desafiadora, peço que eles avaliem como se sentiram em relação a ela. Eles devem desenhar *emoticons* (às vezes, no caderno mesmo): ☺ ☹
Crio um formulário próprio para os alunos avaliarem em escala de 0 a 10, de 0 a 5 ou, ainda, com valores como "Insuficiente" a "Excelente". Os alunos podem incluir quesitos como dinamismo, domínio de conteúdo, clareza na explicação, relacionamento com a turma, entre outros pontos que julgue relevantes sondar com a turma.

É bom incluir algumas questões abertas, para que o aluno tenha voz para se expressar. Em todos os casos, a identificação é opcional, para que o aluno fique mais à vontade para manifestar sua opinião. O que posso garantir é que, em geral, eles são muito justos e maduros em suas avaliações. Um ou outro pode até escrever alguma "besteira", mas a maioria gosta de ser ouvido, principalmente se percebem que o questionário não foi em vão e tentamos melhorar depois.

Use a sua criatividade, pense no que gostaria de ser avaliado em sua prática e aproveite a franqueza dos alunos para se reavaliar, mudar o que não está bom e investir no que está dando certo.

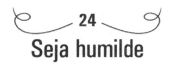

Seja humilde

O verdadeiro sábio é aquele que se torna um eterno aprendiz, seguindo o preceito de Sócrates, só sabe que nada sabe. Por isso, em nossa imensa ignorância comparada à gota do nosso saber, devemos ser humildes.

Cada vez que estudamos mais, ficamos sabendo mais ainda acerca de nada. A pessoa entra na faculdade, achando que vai sair *expert* em determinada área do saber. Ela estuda três, quatro, cinco anos e percebe intricadas ramificações dessa área do saber. Então, escolhe uma delas para se especializar. Lê, faz cursos, compra muitos livros, vai a congressos, tem inquietações. Entra no mestrado para estudar um microscópico aspecto do galhinho lá da árvore que ela escolheu estudar. Mas, como o mestrado é insuficiente, vai para o doutorado e ajusta o foco do microscópio para um aspecto não observado no mestrado, uma folha do galho da árvore. Então, quando ela sai, com o título de doutor, muitas vezes começa a achar que sabe tudo.

Contudo, ainda que estejamos no alto dos nossos doutorados, não devemos nos esquecer do exemplo de humildade das crianças. Meu filho Lucas, de três anos, quando não entende uma palavra que usamos com ele, logo pergunta o que significa ou diz, simplesmente: "Mamãe, não entendo o que você falou. O que significa a palavra *x?*" Nós, adultos, somos engraçados. Ficamos conversando, fingindo que estamos entendendo e não ousamos expor nossa ignorância, enquanto há tanto sobre o que não sabemos – mesmo que seja um assunto relacionado à nossa área.

Uma tarde do dia dos namorados, estava na escola de nível fundamental onde leciono. De repente, um tiroteio pesadíssimo na rua e balas perdidas dentro da escola. Foi uma grande confusão. Quando tudo se acalmou fui para minha turma seguinte e, como era de se esperar, estavam bastante agitados. Dei um tempo para desabafarem o que estavam sentindo e um deles, porta-voz da turma, disse que estavam revoltados com a professora que estava na turma no tempo anterior, pois quando começou o tiroteio e todos se agitaram, querendo se abaixar em suas carteiras, ela mandou todos ficarem quietos e pararem de estardalhaço por causa dos fogos!

Ela não morava naquela região. Provavelmente não sabia diferenciar o barulho de tiro dos fogos. E não teve a humildade para compreender que, naquela situação, os *experts* eram seus alunos, não ela. Ela não entendia a língua de quem vive em áreas de risco e que conhecem muito bem sons e cheiros que talvez quem esteja em áreas menos arriscadas, digamos assim, sequer desconfia.

Professor erra, se engana, julga mal, rotula. É gente. Precisa ser humilde para reconhecer seus erros e consertá-los enquanto há tempo.

Muitos professores recém-formados são taxados de arrogantes pelos alunos justamente porque, para esconder sua incompetência inicial, usam o escudo do autoritarismo, da arrogância, do falso saber. O mestre mesmo, aquele que sabe, não precisa esnobar ou humilhar seus alunos. Pelo contrário, ele é humilde o suficiente para trabalhar junto com o aluno, ajudá-lo a se elevar até o patamar em que o mestre se encontra, mas estendendo a mão durante todo o trajeto.

Comece a fazer uma lista das coisas que não sabe. Tente lembrar como era desafiador aprender em sua época de aluno. Junto com o material da turma, leve uma boa dose de humildade e vai perceber como será mais fácil levar seu aluno a aprender.

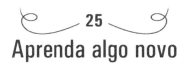

Aprenda algo novo

Nossa matéria é tão fácil que não conseguimos compreender como nossos alunos não entendem nada em nossas aulas! Não é assim?

Será que se trocássemos aulas entre colegas seríamos os alunos brilhantes que esperamos que nossos alunos sejam? Se dou aula de Português, que tal fazer um semestre de Álgebra para me tornar a aluna favorita nessa matéria?

Às vezes esquecemos como é difícil desenvolver uma nova habilidade, especialmente se os recursos disponíveis forem apenas quadro, giz e professores falando quatro horas por dia, sem parar.

Alguns professores simplesmente rotulam certos alunos como dispersos, preguiçosos ou vagarosos em aprender por não irem bem na sua disciplina. Então, ficam surpresos quando, nos conselhos de classe, ficam sabendo que esses mesmos alunos se destacam em outra disciplina. Parece que esquecemos o quão difícil é aprender.

Voltar a aprender alguma coisa nova pode nos ajudar a ter a humildade de passar pela fase de nada sabermos ou não sermos os mais brilhantes em determinada área. E ajuda a olhar nossos alunos com mais compaixão e empatia.

Aprenda um instrumento musical, uma dança, um idioma. Faça uma especialização, mestrado ou doutorado, xadrez, culinária, desenho. Há uma infinidade de coisas a serem aprendidas. Ao aprender alguma nova habilidade, estamos nos colocando no lugar do aluno, lembrando como não somos magníficos em todas as áreas e como pode ser desafiador aprender, mesmo apesar dos esforços que fazemos para nos sair bem nas lições que nos são ensinadas.

Sempre me considerei uma pessoa de inteligência mediana, até começar a aprender a dirigir. Ter que encarar o fato de que inteligência espacial não era o meu forte justamente quando mais necessitei dirigir, me fez sentir estúpida. Parecia que qualquer pessoa podia pegar um carro e sair por aí com, no máximo, dez aulas. Mas não eu. Essa experiência me ajudou a lidar melhor com meus alunos, a lembrar que uns precisam de mais tempo que outros para aprender algo que considero "tão simples".

Aprender algo novo constantemente também é recomendado por médicos, a fim de manter o cérebro ativo e evitar as doenças degenerativas.

Compartilho abaixo o início da minha lista de coisas que quero aprender. É, minha lista é imensa:

Lista das coisas que quero aprender
Francês
Japonês
Dança do ventre
Dança de salão
Desenhar
Tocar piano
Tocar violão
Nadar
Cozinhar

Aproveite e faça uma lista de coisas que você gostaria de aprender, mas vive adiando por falta de tempo ou mesmo de dinheiro. Escolha uma delas para começar a estudar em, no máximo, trinta dias. Pode ser por conta própria, usando a internet ou lendo um livro; com a ajuda de um amigo; ou matriculando-se em um curso.

Lista de coisas que pretendo aprender (não relacionadas a minha área de atuação)

26
Reflita sobre sua prática

Há literatura vasta acerca do professor reflexivo e não é minha pretensão aqui apresentar uma discussão teórica sobre o assunto. Convém enfatizar que para ser um professor que reflete acerca de sua prática eficazmente, é necessário que leiamos autores que abordem com propriedade a questão.

Entretanto, minha intenção aqui é mostrar que essa é uma atitude dos professores bem-sucedidos. Ao invés de agirmos mecanicamente, virando máquinas de dar aulas, sem ter tempo para nada, saindo de um lado para outro em disparada, sequer organizando o material que vamos apresentar na turma seguinte e ainda achando que os alunos têm que agradecer por ter professores maravilhosos como nós em suas turmas, devemos começar a refletir sobre o que estamos fazendo em sala de aula.

De vez em quando podemos filmar ou gravar nossas aulas para ver depois com calma. Confesso que fiz isso uma vez apenas. O resultado foi, digamos, interessante. Nossas aulas são entremeadas com pedidos de silêncio, "prestem atenção, por favor", pessoas que batem à porta para dar recado, alguém lá atrás pedindo para aumentar o som, pausas na fala e uma série de outros detalhes que talvez não percebamos completamente sem ter esse afastamento.

Nossas aulas podem ser muito mais confusas do que achamos que elas sejam. Em nossa mente, há uma sequência lógica, planejada. Mas, a maneira como chega até os alunos nem sempre é assim tão organizado como imaginamos.

Outra sugestão é trabalhar com estagiários. O fato de ter alguém, além dos alunos, nos observando, fazendo perguntas, tentando compreender nossas ações e reações na turma, acaba fazendo com que nós mesmos reflitamos por que fazemos as coisas da maneira como fazemos. Faz-nos refletir se a maneira que temos ensinado é realmente a melhor. E acaba nos desafiando a fazer melhor ou, pelo menos, a fazermos algo diferente.

Importante destacar que eu sempre digo para os estagiários que eles vão aprender o que fazer e o que não fazer quando estiverem com suas turmas. Há momentos em que conseguimos sair quase autores de manuais de didática de ensino. Outras em que lamentavelmente nem parece que temos tanta experiência. Lidamos com pessoas e, enfim, pessoas são diferentes. Cada turma tem suas peculiaridades e há dias em que estamos melhores, outros, nem tanto. Por isso mesmo, é importante que reflitamos por que fizemos algo de um jeito e não de outro, por que o aluno levantou uma questão, por que a turma não conseguiu compreender a explicação. Podemos refletir sobre o que planejamos e o que efetivamente aconteceu em sala, sobre o que poderia ser diferente, o que foi positivo, negativo, catastrófico ou heroico e assim por diante. Daí, podemos refletir sobre o que podemos fazer para melhorar nossa prática constantemente.

Questione(-se)

Muitos dos meus alunos de licenciatura em Letras vivem fazendo muitas perguntas, o que é ótimo, pois os questionamentos nos ajudam a desconfiar do *status quo* de algumas verdades estabelecidas.

Eles perguntam, por exemplo, como podem ensinar de forma mais dinâmica e criativa se todos os modelos que tiveram, em toda a sua vida acadêmica, preconizavam principalmente o ensino tradicional, com aulas expositivas e pouco dinâmicas e criativas.

Questionam por que tais conteúdos aparecem no Ensino Fundamental, se o aluno não se interessa e se eles próprios, futuros professores, não veem utilidade em alguns conteúdos obrigatórios de suas disciplinas.

Não sei o que acontece quando muitos desses professores se formam e vão para a sala de aula, mas muitos, eu sei, parecem perder seus poderes de questionar. Aceitam passivamente que o conteúdo a ser dado deve ser aquele que consta no livro didático; repetem o ciclo das aulas tradicionais com a justificativa de que nunca tiveram acesso a outras opções – e sequer tentam descobrir outras formas de lecionar; enchem o quadro de conteúdo para manter os alunos quietos, enquanto copiam sem prestar atenção ao que está lá no quadro ou enquanto conversam e não ligam para o que o professor escreve, pois depois podem tirar foto do quadro com seus celulares.

Alguém já disse que são as perguntas e não as respostas que continuam nos levando a avançar cada vez mais. Precisamos continuamente questionarmos as coisas que nos rodeiam. Seja uma notícia aparentemente neutra, uma decisão equivocada de órgãos superiores – infelizmente nem sempre com dirigentes que entendam mesmo de Educação –, sejam os próprios motivos que nos levam a agir de uma ou outra forma em sala de aula.

É necessário questionarmos como podemos fazer algo ainda melhor, com mais eficiência, com mais amor, com mais alegria em ensinar. Nem sempre teremos todas as respostas para as perguntas que fizermos a nós próprios, mas o fato de termos as perguntas nos ajudará a caminhar em direção a uma melhor compreensão acerca de nossa prática dentro e fora de sala de aula.

São as inquietações que movem as pesquisas. Queremos compreender melhor algo e nos vemos sem instrumentos para encontrar a resposta, então, muitas vezes, procuramos cursos de mestrado, doutorado e pós-doutorado para ampliarmos a discussão. Quando terminamos, temos ainda mais perguntas e elas continuam nos movendo para frente.

Aos questionarmos a nós mesmos, deixamos de sofrer a chamada *síndrome de Gabriela*, conformando-nos em afirmar que nascemos assim e vamos morrer assim. Conseguimos ter uma ideia mais clara de que é possível operar mudanças em nós mesmos, as mais necessárias e difíceis. Geralmente queremos mudar o mundo, porém sem querer fazer as mudanças necessárias em nós mesmos.

Assim, questione-se mais vezes. Faça perguntas que provoquem, sacudam, incomodem. Por que agiu de um jeito? Por que se sentiu ameaçado ou incomodado? Por que seus alunos não aprendem? Por que está se sentindo sobrecarregado? Por que precisa controlar tanto? Por que tem que estar sempre com a razão? Por que reclama demais? Por que não reivindica seus direitos?

Questione mais. Questione-se mais.

28
Dialogue

Quando estudei os Fundamentos da Didática pela primeira vez, ainda na minha época da graduação, achava engraçado demais haver dois tipos de aula expositiva: a aula expositiva mesmo e a aula expositiva dialogada. Não conseguia imaginar o ofício de professor sem o diálogo. Entendia que, em certas conferências, o apresentador não tivesse tempo de dialogar com a plateia, assim, ele falaria lá sozinho o tempo inteiro. Mas, isso para mim não era exatamente uma aula, era um conferência, palestra ou outro nome. Aula mesmo, para mim, pressupõe o diálogo, não um monólogo.

Contudo, uma observação mais atenta de algumas aulas me levou à constatação de que existem as aulas expositivas dialogadas e as "falsas" dialogadas. Estas apresentam perguntas que o próprio professor responde ou que são feitas apenas para dar a aparência de que se está permitindo ao aluno opinar. Uma vez, observei uma aula em que a professora não dava tempo de os alunos responderem. Ela fazia as perguntas e ela mesma respondia. Ou, ainda pior, quando algum aluno fazia alguma contribuição (veja o tópico 15), ela não valorizava a fala do aluno. Às vezes, simplesmente ignorava, continuando a aula como se não houvesse ali uma tentativa de diálogo por parte do aluno, pelo menos.

É preciso que dialoguemos mais. Em todas as esferas de nossas vidas percebemos o poder do diálogo para esclarecermos dúvidas, construirmos o sentido e nos aproximarmos mais uns dos outros.

Há uma pequena história que ilustra bem como nossos corações estão mais próximos quando dialogamos (veja lá no tópico 35). Ela relata que as pessoas gritam porque seus corações estão afastados, estão longe um do outro. De igual maneira, nossos alunos vão mostrar que estão longe de nós se não nos propusermos a ouvi-los, a dialogar, a incluí-los em nossas aulas.

A aula expositiva dialogada, na minha opinião, é aquela em que o professor busca ouvir os alunos, sondar em que patamar se encontram. Daí, tenta construir alicerces para que todos possam estar mais ou menos no mesmo nível e, assim, possam compreender a aula. Durante sua exposição, faz perguntas para perceber se os alunos estão acompanhando a exposição. Pode pedir que os alunos ilustrem, contem experiências, perguntem, resumam, enfim, que dialoguem com o mestre e com os outros colegas da classe para caminharem juntos. Não adianta o professor estar lá na frente no caminho do conhecimento e seus alunos sequer saberem como fazem para acompanhá-lo. É preciso parar, esperar, andar um pouco mais devagar, mas certificar-se de que todos estão conseguindo caminhar.

Em uma turma, quando fui revisar como dizer as horas em inglês, tive que rever ainda outro conteúdo do ano anterior: números. Não adiantava eu ensinar como dizer as horas se a turma não sabia sequer como escrever os números para informar as horas cheias. Eu poderia ter seguido adiante, só apresentando o conteúdo, já que se tratava de uma revisão, e nem ter sondado os conhecimentos prévios da turma. Teria conseguido encher o quadro, com alunos quietos copiando, sem entenderem do que

120

eu estava falando. Ao contrário, comecei perguntando, sondando a base que traziam do ano anterior. Eles mesmos disseram: "Professora, nós era tudo bagunceiro no ano passado, aí ficamo tudo sem entender nada da matéria de Inglês".

Dialogue mais com seus alunos não apenas em aulas expositivas dialogadas. Transforme sua sala de aula em um espaço onde o diálogo, mesmo entre eles, seja algo constante. Muitas vezes precisaremos ensinar o que é dialogar, conversar, visto que muitos alunos só se comunicam gritando ou brigando uns com os outros. Precisamos ser bons exemplos (veja o tópico 9) de incentivo ao diálogo, ao ouvir opiniões diferentes, respeitar as diferenças e mostrar nosso ponto de vista de maneira respeitosa.

Isso me fez lembrar uma turma de oitavo ou nono ano em que estávamos trabalhando as diferentes formas de preconceito. Cada grupo ficou responsável por pesquisar, organizar cartazes e apresentar um tipo de preconceito: racial, étnico, religioso, sexual. Um grupo veio conversar comigo. Seus integrantes achavam que eu tinha que incluir o preconceito contra os bandidos (isso mesmo, pasmem!). Eles diziam que queriam apresentar o trabalho e mostrar que os bandidos sofriam preconceito na sociedade.

Não vou negar que a vontade mesmo foi fazer um discurso falando do absurdo da ideia deles. Mas, respirei fundo, lembrei do apreço que muitas comunidades têm em relação aos bandidos da área, visto que veem essas pessoas como uma espécie de Robin Wood ou santos protetores e até mesmo ídolos, como muitos adolescentes veem o chefe do tráfico da região.

Então, pedi que pesquisassem o que significava preconceito, os seus diversos tipos e argumentassem de que maneira o "preconceito contra os bandidos" se encaixaria em um tipo deles. Enfim, eles fizeram bem seu dever de casa e, no dia da apresentação, explicaram por que o preconceito para com os bandidos não era bem um preconceito. Para não ficarem sem a provocação que queriam, partiram para o argumento de que havia preconceito contra os usuários de drogas como a maconha. Isso gerou polêmica, divisão, argumentos de todos os lados na turma. E muito, muito diálogo.

29
Seja firme

Se por um lado no tópico 8 vimos a necessidade de sermos flexíveis, nesse apresento que ser firme é uma característica de um professor de sucesso também. A diferença é que vamos ter que aprender quando ser flexíveis e quando ser mais firmes.

Precisamos ser firmes em nossos princípios, integridade e valores morais. É necessário que decidamos antes, muito antes, o que faremos em determinadas situações. Não ficaremos confusos, perguntando o que deve ser feito, se já tivermos decidido qual é o nosso padrão e nossos parâmetros mínimos de qualidade, confiabilidade, respeito, entre outros pontos que mereçam nossa atenção.

Esse é o caso quando aspectos relacionados à nossa integridade, como a honestidade, por exemplo, são colocados em evidência. Tive que ser firme certa vez quando eu prestava consultoria pedagógica a um determinado curso de idiomas em que o novo gestor também possuía um curso preparatório para concursos. Aconteceu que, depois de menos de dois meses que esse gestor assumiu a direção do curso, eu passei em terceiro lugar para o magistério da minha cidade, em um concurso bastante disputado. Quando o novo gestor soube, pediu-me para permitir que ele divulgasse meu nome e talvez imagem também em propagandas de *outdoors*, como se eu fora uma aluna do preparatório.

Como havia pouquíssimo tempo que ele havia assumido a gestão do curso de idiomas, senti que uma situação delicada dessas poderia pôr fim ao meu contrato de consultoria pedagógica, minha maior fonte de renda da época. Entretanto, agradeci pelo convite e expliquei que não poderia aceitar a proposta, pois, por não ter sido a verdade, entrava em conflito com minha formação pessoal e religiosa.

Ao contrário de rescindir o contrato por ter se sentido ofendido ou algo do tipo, o novo gestor passou a demonstrar ainda maior confiança em meu trabalho e na minha palavra. Ele percebeu que eu sempre escolheria falar a verdade. Isso apenas porque fui firme a meus princípios.

Também escolhemos ser firmes com os alunos quando percebemos que é necessário ensinar-lhes o senso de responsabilidade no cumprimento de suas tarefas. Sempre que passo uma tarefa para a turma, procuro dar tempo suficiente para que todos os alunos consigam executar o que foi pedido. Mas, como você sabe, não são raros os alunos que não fazem o que foi solicitado, simplesmente porque não quiseram ou não se lembraram da atividade. Embora eu seja flexível o suficiente para aceitar que o aluno que não fez a tarefa possa entregar em data posterior, conforme o prazo de que eu mesma disponha para fazer o fechamento das notas, sempre negocio a "taxa de juros". Digo para eles que, na vida adulta, quando assumimos as contas, arcamos também com o fato de não pagá-las em dia, seja por esquecimento ou falta de dinheiro. A multa e os juros por atraso estão atrelados ao não pagamento na data correta. Assim, não acho justo que o aluno atrasado tenha a mesma nota daquele que entregou sua tarefa dentro da data limite estabelecida. Eles mesmos também não acham justo e, desta forma, aceitam entregar posteriormente, sabendo que seu trabalho valerá 10 a 20% menos. Se o aluno for reincidente, pode ter uma recusa no recebimento do trabalho.

Essa firmeza é para que eles comecem a ter maior senso de organização e, como já disse, de responsabilidade com seus estudos. É necessário que eles saibam que eu também tenho prazos a cumprir e cumpro todos, ainda que isso custe meu final de semana para corrigir trabalhos e provas ou lançar notas nos diários.

Também é preciso ser firmes no que se refere à disciplina em sala de aula. Creio que essa é a reclamação número um dos professores. Cada vez mais parece muito difícil ter disciplina em sala. Muitos alunos são desrespeitosos, alguns até agridem os professores. Os pais não têm controle sobre seus filhos e, quando você chama a família para apoiar as decisões da escola, acaba se arrependendo. Quantas vezes ouvimos mães dizerem na sala da coordenação que não sabem mais o que fazer com seu filho! E o "moleque" às vezes só tem oito, nove, dez anos!

Há pesquisas e livros que tratam dessa questão de forma bastante aprofundada e merecem leitura muito atenta para esse panorama real da Educação em nosso país.

Neste tópico, contribuo dizendo que parte da disciplina é conseguida através da própria postura firme, porém, educada e justa, por parte do professor. Os alunos percebem em quais aulas eles podem bagunçar à vontade, pois nada vai acontecer e em quais eles precisam "maneirar".

Se nossas aulas foram planejadas e estamos com todo o material necessário disponível na sala de aula, sem precisarmos nos ausentar, já reduzimos sobremaneira as possibilidades de algazarra.

Além disso, precisamos estabelecer algumas regras em conjunto com os alunos e, preferencialmente, com a própria escola, para não parecer que só o professor *x* é exigente demais. Se a regra é clara e foi negociada com a comunidade escolar, principalmente alunos e professores, fica mais fácil os próprios colegas cobrarem daquele que a está infringindo.

Precisamos mostrar aos alunos que permaneceremos firmes se o que estamos cobrando é justo para todos. Por exemplo, enquanto meus alunos estão fazendo alguma atividade dentro do tempo que estipulei, eles podem circular pela sala, conversar e até fazer um pouco de bagunça. Contudo, no momento em que me levanto para explicar algo ou corrigir os exercícios, eles sabem que, para o bem de todos da turma, não dá para ter conversa paralela naquele instante. Eu apenas me posiciono diante da turma, levanto a mão e espero que todos silenciem. Se alguém persiste em continuar a conversa, me mantenho firme na decisão de só falar quando todos estiverem prestando atenção. Às vezes, o próprio colega é quem chama atenção de quem está atrapalhando naquele momento.

Os alunos na fase de adolescência precisam de limites claros e posicionamento firme. Eles parecem sempre estar testando a autoridade – do professor, inspetor, coordenador, diretor, pais. É necessário sermos firmes e justos. Se um não pode sair da sala naquele instante, o outro também não pode. A não ser que exista uma razão plausível por que um pode ser liberado e não o outro.

Uma tarde, estava solicitando a alguns alunos do sétimo ano que fossem ao quadro escrever determinadas respostas. Duas moças se recusaram a ir ao quadro, porque simplesmente elas não tinham feito o dever. Haviam ficado conversando a aula toda e, portanto, a atividade não fora feita. Elas, na verdade, não estavam entendendo nada do que estava acontecendo na matéria (familiar isso?). Tive que ser firme e insistir que as letras

x e y seriam respostas delas, nem que eu tivesse que ensiná-las novamente a matéria, ali no quadro mesmo. Não foi preciso mais que quatro a cinco minutos para que elas entendessem a matéria, para a qual não haviam dado atenção antes. Do contrário, em pouco tempo todos os alunos passariam a dizer que não queriam ir ao quadro, por qualquer razão e, para ser justa, não poderia insistir se eu não tivesse sido firme anteriormente com as duas mocinhas.

Quem disse que ser firme é fácil? Quem falou que o magistério é moleza?

Surpreenda

Infelizmente, a maioria das nossas aulas é bastante previsível. Na Educação Infantil, ainda há mais atividades diferenciadas, como cortar, colar, manusear objetos, fazer coisas com massinhas e tintas, cantar, assistir a vídeos, correr pela quadra, brincar no parquinho e ouvir histórias. No entanto, quanto mais avançamos em nossa formação acadêmica, menos atividades diversificadas são propostas e, desta maneira, as aulas ficam mais ou menos assim:

- O professor chega à sala, alguns cumprimentam a turma com entusiasmo (veja o tópico 34), outros nem cumprimentam a turma!
- Alguns começam apagando o quadro, outros com a chamada oral.
- Escreve-se a data.
- E o quadro começa a ser escrito, às vezes de forma linear, outras com anotações desordenadas.
- Em dia de sorte, o professor utiliza atividades do livro ou leva um material fotocopiado para a turma.
- Explicações.
- Exercícios.
- Correções ou vistos no caderno.
- Acabou o tempo de aula.

O pior é que o aluno passa por isso várias vezes a semana inteira. E ainda queremos que eles estejam animados para as nossas aulas!

Assim, embora a estrutura de uma aula realmente talvez seja a mesma, principalmente para trabalhar alguns conteúdos, podemos surpreender os alunos vez por outra.

Uma professora da Educação Infantil resolveu abrir suas aulas de uma segunda-feira levando Mozart para as turmas. Ela pegou um vídeo disponível no YouTube, passou para o seu pen-drive e levou para a escola. Não gastou nem dez minutos para fazer isso e seus alunos tiveram cinco minutos de uma música que eles não conheciam, não tinham acesso antes.

Uma outra professora arrumou a sala com pistas que conduziam os alunos a outras pistas, até chegarem a uma árvore, onde uma cesta de livros e guloseimas aguardava a todos os alunos para a hora da leitura.

Um professor aproveitou uma atividade em que os alunos criaram perguntas acerca da matéria estudada e utilizou algumas das questões na sua prova bimestral.

Outro professor, de uma turma inclusiva, ao invés de dar um discurso sobre a importância de os colegas acolherem aqueles com necessidades especiais, fez os alunos sentirem na pele o que é ter uma determinada limitação física. A uns ele deu tapa--olhos para sentirem o que é não enxergar. A outros ele amarrou a região da boca, para tentarem se comunicar sem falar e, ainda, deixou os alunos experimentarem uma cadeira de rodas para sentirem as dificuldades de locomoção.

Em cada um desses casos, houve uma quebra na rotina e uma maneira simples, porém diferente e marcante, de levar novos saberes ou conhecimentos aos alunos. E, o melhor, não precisamos fazer algo dispendioso para surpreender nossos alunos positivamente em nossas aulas.

Precisamos nos perguntar como podemos fazer algo diferente em nossas turmas. Algo que renove o ânimo e entusiasmo pelas aulas. Algo que se torne inesquecível. Mesmo que depois tenhamos que retomar o ritmo normal de nossas rotinas.

Afinal, não é negativo que tenhamos rotinas a serem seguidas. O que não pode é *só* haver rotina. Precisamos quebrar um pouco nossos atos mecânicos de lecionar e, vez por outra, surpreender nossos alunos e a nós mesmos.

Deixe-os criar

Há pais tão super protetores que, mesmo sem querer, acabam impedindo que seus filhos façam as coisas sozinhos. Fazem tudo para eles quando eles já estão em idade de fazer certas atividades por si mesmos.

É como aquela história de tentar ajudar a borboleta sair do casulo para minimizar seu esforço, quando é exatamente o esforço empreendido por ela para sair do casulo que a fortalece para poder voar lindamente.

Como professores, às vezes não acreditamos na capacidade de nossos alunos criarem resultados maravilhosos a partir de algumas orientações básicas acerca do que estamos solicitando. Costumo dizer que dou o tema ou o assunto do trabalho, explico qual é o prazo e que resultados espero e, depois, deixo os alunos operarem suas mágicas.

E quando os alunos percebem que são os responsáveis por serem criativos para apresentar um bom resultado, no geral, eles nos surpreendem por completo.

Há alguns meses, minhas turmas se despediram de duas ótimas estagiárias que nos acompanharam no início do semestre. Decidi pedir à turma que seria a última a se despedir que realizasse uma festinha surpresa. Eu tinha em mente apenas um bolo e refrigerantes. Talvez uns salgados. Quando chegamos à sala, surpresa: cartazes, balões, recadinhos, sala organizada, luzes apagadas e decoração completa. Um espetáculo inesquecível.

Em uma das minhas primeiras turmas do Ensino Médio, a cada bimestre eu passava um trabalho diferente para a disciplina de Língua Portuguesa. Por exemplo, em um bimestre, eles precisavam criar uma paródia explicando o conteúdo; em outro, um telejornal criativo; em outro um seminário estilo corporativo; e assim por diante. Pena que naquela época, 1998 e 1999, não havia a facilidade que temos hoje para filmar e fotografar tanto. Os resultados eram incrivelmente surpreendentes.

Os alunos apresentavam telejornais ao vivo e com parte das reportagens gravadas, alugavam roupas especiais – como um grupo que fez o programa dos Teletubies (você se lembra ou sabe o que é isso?), programa infantil badalado da época. Eles se maquiavam, copiavam personagens de programas humorísticos, adequavam o texto para explicar a matéria e faziam os colegas aprenderem de forma descontraída, diferente, criativa. Eu nunca poderia ter tanta ideia sozinha!

Passe as orientações iniciais e o nível de expectativa com os trabalhos. Deixe-os livres para criar. Apenas oriente se for chamado. E surpreenda-se com os resultados mágicos que irão aparecer.

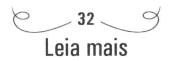

32
Leia mais

Se você está lendo este livro, já está em grande vantagem em relação a muitos colegas de profissão. Mesmo entre os professores, o hábito de leitura no Brasil ainda está muito aquém do desejável. Além disso, ainda impera a leitura de textos de autoajuda e religiosos em detrimento aos textos literários.

Uma vez, uma aluna do curso de Pedagogia me contou que ficou estarrecida na escola, pois uma colega havia recebido um livro de presente de aniversário de uma das mães. Mal a mãe virou as costas, a colega vociferou que livro não era presente! O quê? Uma professora?!

Às vezes estamos tão assoberbados com nossos múltiplos empregos e papéis que acabamos sem perceber que nosso tempo para leitura fica bem minguado. Há outras fases em que nos voltamos mais para leituras técnicas ou científicas. Por dois anos, quando eu estava no mestrado, lembro que as mais de quatrocentas páginas por disciplina no semestre e meus cinco empregos como professora não me permitiam ter mais tempo.

O primeiro livro que comprei no dia da minha defesa foi um sobre felicidade. Queria algo que dialogasse com meu coração e minha alma e não apenas com minha mente. Tempos depois, fiz uma lista com algumas das obras literárias que eu ainda não havia lido e me dei de presente, de uma vez só, cinquenta livros. Comprei-os todos em sebos virtuais associados à *Estante Virtual,* um *site* que reúne livreiros de todas as partes do Brasil.

É necessário um equilíbrio. Não sou contra a leitura de nenhum tipo de livro. Como já disse, ora vamos nos voltar mais para as leituras técnicas ou acadêmicas, outras para as leituras de passatempo, outras ainda para a leitura literária.

É preciso termos tempo de ler por prazer, aquela leitura por fruição mesmo do texto que está diante de nós. A boa literatura nos envolve, permite múltiplas interpretações, apresenta-nos culturas e costumes, amplia nosso vocabulário.

A leitura não deve ser meta apenas dos professores de Língua Portuguesa. Todos precisamos ser professores leitores, a fim de melhor exercer nosso ofício no magistério. É bom fazermos uma lista do que queremos ler. Para quem ama leitura, é triste saber que nunca teremos tempo para ler todos os livros que desejamos. Para quem não é tão fã de livros, é bom ter uma lista básica, dos livros fundamentais a sua formação como pessoa leitora e profissional leitor.

Estava participando de um congresso na UFRJ, na faculdade de Letras e, quando estava lendo a programação em um dos murais do corredor, ouvi um grupo de alunos conversando animadamente. Estavam falando de uma professora que disse a eles que deviam fazer seu cadastro e visitar a biblioteca com frequência. Parece que a professora falou que quem não tivesse o costume de frequentar aquele espaço, não conseguiria terminar o curso. Um dos rapazes disse que a decisão dele foi a de sequer fazer a carteira da biblioteca. Disse que ia terminar o curso de Letras sem ler nenhum livro na íntegra. Todos os outros riram e eu senti até calafrio.

Será esse tipo de professor que conseguirá reverter o quadro de leitura no país? Será esse o professor do meu filho em um futuro bem próximo? Será que ele mudará de ideia ou, apenas para mostrar que está certo, terminará mediocremente a faculdade?

Desligue a TV. Certamente você sabe que alguém matou, roubou, foi preso, foi liberto, é corrupto, ou seja lá o que for. Não precisamos ligar a TV todos os dias para saber as mesmas notícias, só que ocorridas em diferentes locais. Às vezes, prefiro ficar limitada aos principais acontecimentos da semana e deixar meu tempo mais livre para eu desfrutar alguma leitura.

Este livro que você está lendo pode ser um excelente presente a seus amigos, colegas e familiares que são professores. Proponha um clube do livro ou grupo de estudo na sua escola ou faculdade. Só siga este conselho: não empreste o livro, pois poderá ficará sem ele.

Seguem abaixo sugestão de leitura da literatura brasileira e mundial, propostos pelo site Educar para Crescer, da Editora Abril. Acesse o link e faça suas escolhas.

Sugestões de livros da literatura brasileira

http://educarparacrescer.abril.com.br/livros/ – 204 obras para Educação Infantil ao Ensino Médio.

http://educarparacrescer.abril.com.be/leitura/100-livros-essenciais-398904.shml – 100 obras da literatura brasileira.

http://educarparacrescer.abril.com.br/leitura/100-livros-essenciais-literatura-mundial-644846.shtml – 100 obras da literatura mundial.

33

Assista aos programas deles

Vamos fazer um teste rápido, para saber se você está por dentro do que seus alunos estão curtindo nesse instante? Responda: Que músicas estão nas paradas de sucesso? Qual o programa favorito deles? Que banda está em evidência? Sobre o que as revistas estão publicando?

Quem tem filho adolescente está em vantagem, pois essas coisas estão circulando dentro de casa mesmo. Antes de eu ter filho, não sabia nenhuma dessas músicas infantis atuais. Sabia o clássico: Atirei o pau no gato; Cai, cai balão e olhe lá. Depois, quando meu filho estava com uns nove meses, programas e músicas infantis começaram a fazer parte do meu repertório. Sei praticamente todas as letras de cor e ainda faço coreografia de algumas. Como trabalho com adolescentes e adultos, não posso esperar meu próprio filho chegar a essa fase para eu estar a par do que eles curtem. Por isso, assistir aos programas dos nossos alunos – sejam crianças, adolescentes ou adultos – vai nos ajudar a compreendê-los melhor. Muitas vezes as referências que eles fazem em sala de aula só são compreendidas por quem assiste aos programas televisivos. São os bordões que alguns personagens de novela e programas de humor utilizam, por exemplo. Muitas vezes, principalmente se nós trabalhamos muito e não temos tempo para TV ou só assistimos à programação da TV a cabo, ficamos perdidos quando eles fazem essas referências.

Lembre-se, muitas vezes precisaremos contextualizar nossas aulas e não vai adiantar puxar para o *nosso* contexto. Para que eles compreendam, talvez precisaremos mencionar atores que eles conheçam, músicas que eles curtem, programas a que eles assistem, páginas na internet mais acessadas por eles, enfim, precisamos, ainda que de vez em quando, sair do nosso mundinho e buscar saber o que está acontecendo com eles, no mundo deles.

Sei que a maioria de nós não tem tempo sequer para assistir aos nossos programas favoritos, quanto mais assistir aos deles. Entretanto, minha sugestão é que assistamos a um episódio, acompanhemos nas redes sociais, vejamos um capítulo ou escutemos algumas músicas. Podemos pedir que eles mesmos tragam o mundo deles para a sala de aula. Eles mesmos podem trazer uma música para a aula de língua estrangeira, ou fazer um trabalho nos moldes de um determinado programa a que gostam de assistir.

Reveja o tópico 31 e deixe-os criar algo relacionado a sua disciplina utilizando os programas que falam a língua deles, com os quais eles se identificam. E se você souber um pouco sobre o programa, melhor ainda. Fica muito mais fácil nos aproximarmos dos alunos quando sabemos o que eles andam "consumindo", até mesmo para auxiliá-los a ter uma visão crítica do que estão recebendo, muitas vezes, passivamente.

34
Tenha entusiasmo

Entusiasmo é uma palavra de origem grega, que significa literalmente "em Deus". Etimologicamente, entusiasmo significa ter Deus dentro de nós mesmos. E não dá para acreditar em Deus sem associá-lo à Criação, à vida, à energia. Atualmente o significado está mais relacionado à alegria, ânimo, energia.

Quando estamos entusiasmados com algo, temos interesse, ânimo extra, sensação de confiança, otimismo. E essas características são claramente perceptíveis. Podemos perceber o poder de uma pessoa cheia de entusiasmo. Geralmente ela cativa e irradia essa energia positiva para outras pessoas. Quando temos entusiasmo, estamos dispostos a enfrentar obstáculos, persistir um pouco mais. É impossível ignorar a vivacidade e o brilho de uma pessoa verdadeiramente entusiasmada.

Há tantos professores que estão em fase de contagem regressiva para a aposentadoria! Faltam vinte anos, oito meses e vinte e dois dias! Chega a ser deprimente. Sei que há vários motivos para isso: salas de aula superlotadas, alunos desinteressados, agressivos, mal-educados, falta de infraestrutura básica – incluindo aí itens como a caneta para quadro branco, livros didáticos que só são entregues no terceiro bimestre e até mesmo a xerox de provas e testes que o professor tem que pagar do seu próprio bolso, se não quiser perder tempo copiando todas as questões no quadro.

De fato, o panorama geral da Educação em nosso país é desanimador. Sabemos que é grande o descaso com a educação pública e devemos lutar pelas melhorias em nossas condições de trabalho.

Por outro lado, vejo professores entrando em sala de aula com paixão pelo ensino, com vontade de fazer a diferença, a despeito das dificuldades gigantescas que enfrentam em suas unidades escolares. E é possível ter entusiasmo em qualquer época de nossa carreira, a despeito das condições. Óbvio que esse entusiasmo será maior se houver condições mais favoráveis para a atuação profissional. O entusiasmo não depende dos fatores externos. É aquele ânimo mesmo em dias desanimadores, é a alegria pela vida, aquele bem-estar interno que alguns chamam de paz de espírito.

O entusiasmo é contagiante. E muitas vezes vamos ter que levar doses extras para a sala de aula, pois muitos alunos não têm entusiasmo no estoque – especialmente para os estudos, para acreditar que eles podem alcançar seus sonhos, para pensar e sonhar grande.

Enquanto escrevo este tópico, lembro-me do meu filho aos dois anos perguntando o que significa paixão. Tentávamos explicar que paixão era quando alguém gostava muito de algo ou de outra pessoa. Ele dizia, com um sorriso imenso: "Mamãe, sou apaixonado por você!" Acrescento que uma pessoa apaixonada é completamente entusiasmada. Se ela cultiva um *hobby*, poderá falar deles por horas, mostrar detalhes, aprender constantemente, investir tempo e dinheiro para se aprimorar. Quem está apaixonado tem brilho nos olhos, alegria no falar. Tudo faz lembrar a pessoa amada. Creio que uma pessoa que tem entusiasmo é verdadeiramente apaixonada pela vida.

Então, tenha paixão. Exiba entusiasmo. Desconfie se você não tem tido esse ânimo todo pela vida, pela profissão. Afinal, esperar mais vinte anos vivendo sua jornada de trabalho sem alegria, sem brilho nos olhos, deve ser muito, muito triste. E um grande fator determinante para o fracasso profissional.

Afinal, como disse Ralph Waldo Emerson: "Nada grande, espetacular, jamais foi alcançado sem entusiasmo".

Fale mais baixo

Há um texto que li faz bastante tempo que questionava o porquê de as pessoas gritarem umas com as outras quando estavam zangadas. O autor lembrava a maneira como os apaixonados sussurram, mas, numa briga, as pessoas não se ouvem e gritam mais. Gritam porque seus corações estão distantes.

Além dos benefícios para nossa voz (afinal, quem ousa competir com 40, 45 alunos, todos com bastante energia?), falar em tom mais baixo ajuda a aproximar nossos corações aos dos alunos. Ao falarmos mais baixo, ajudamos nossos alunos a perceberem que, não importa o quanto estivermos zangados, manteremos a compostura e o diálogo civilizado.

Certo dia eu estava na sala de professores, porta fechada, ar condicionado ligado, quando, de repente, ouço alguém berrando. Era uma professora que, estressada com a conversa barulhenta da turma começou a gritar, berrar, para conseguir atenção. Mesmo depois da turma em silêncio, continuou gritando por mais uns minutos. Em seguida, a professora apareceu na sala, vermelha feito um tomate, bufando, olhos esbugalhados, coração acelerado. E, adivinha? Completamente sem voz. Ela simplesmente se agrediu mais do que aos alunos. Ah, eles devem ter continuado a conversa e o barulho deles no mesmo instante em que a professora saiu da sala. Então, gritar para quê? Vai apenas fazer-nos parecer loucos diante da turma.

Fale mais baixo. Infelizmente, não temos nos cursos de formação inicial de professores nenhuma disciplina que nos ensine a utilizar corretamente nosso principal instrumento de trabalho: nossa voz. Cuide de seu instrumento de trabalho tão valioso. Precisamos aprender a respirar melhor, a impostar nossa voz adequadamente, a fazer exercícios de aquecimento vocal no início de cada dia e a lembrarmos de beber água constantemente, a fim de manter nossas cordas vocais devidamente hidratadas.

Crie rotinas para chamar a atenção dos alunos e que não envolvam grande esforço de voz. Eu costumo ficar na frente da sala, no meio, com a mão direita levantada. No começo os alunos acham engraçado, mas se habituam ao fato de que, naquele instante, a atenção de todos é requerida. Não vale é querer dar dois tempos inteiros achando que conseguirá a atenção total e irrestrita dos alunos – mesmo os adultos. Talvez em uma aula ou outra, mas, sempre? Praticamente impossível.

Fale baixo. Fale com a voz dos apaixonados. Toque corações. Tenha tamanho entusiasmo pelo que ensina (veja tópico anterior), que seus alunos queiram prestar muita atenção. Contagie com seu entusiasmo, sua paixão por ensinar. No grito, só vai conseguir atenção momentânea e problemas de saúde vocal por muito, muito tempo.

Por que as pessoas gritam?

Um dia, um pensador indiano fez a seguinte pergunta aos seus discípulos:

"Por que é que as pessoas gritam quando estão aborrecidas?"

"Gritamos porque perdemos a calma", respondeu um deles.

"Mas por que gritar quando a outra pessoa está ao seu lado?", questionou novamente o pensador.

"Bem, gritamos porque desejamos que a outra pessoa nos ouça", retrucou outro discípulo.

E o mestre volta a perguntar:

"Então não é possível falar-lhe em voz baixa?"

Várias outras respostas surgiram, mas nenhuma convenceu o pensador. Então ele esclareceu:

"Vocês sabem por que se grita com uma pessoa quando se está aborrecido? O fato é que, quando duas pessoas estão aborrecidas, os seus corações afastam-se muito. Para cobrir esta distância, precisam gritar para poderem escutar-se mutuamente. Quanto mais aborrecidas estiverem, mais forte terão que gritar para se ouvir um ao outro, através da grande distância. Por outro lado, o que sucede quando duas pessoas estão enamoradas? Elas não gritam. Falam suavemente. E por quê? Porque os seus corações estão muito perto. A distância entre elas é pequena. Às vezes estão tão próximos os seus corações, que nem falam, somente sussurram. Quando o amor é mais intenso, não necessitam sequer sussurrar, apenas se olham, e basta. Os seus corações entendem-se. É isso que acontece quando duas pessoas que se amam estão próximas".

Por fim, o pensador concluiu, dizendo:

"Quando vocês discutirem, não deixem que os seus corações se afastem, não digam palavras que os distanciem mais, pois chegará um dia em que a distância será tanta que não mais encontrarão o caminho de volta".

Cuide-se

Muitos professores são maravilhosamente bem-sucedidos como profissionais respeitados em sua área, são brilhantes, produtivos, possuem profícua e significativa publicação em revistas científicas e participação em congressos em várias partes do Brasil e do mundo. Contudo, esquecem-se de parar para abastecer e fazer a manutenção de sua máquina potente: seus corpos.

Nós vivemos cada vez mais com menos tempo. Trabalhamos mais, corremos mais, estudamos mais, lidamos com mais informações e o tempo continua o mesmo: apenas vinte e quatro horas por dia para darmos conta de tantas coisas.

Precisamos incluir lembretes para pararmos e cuidarmos de nós mesmos antes de falharmos e pararmos em um quarto de hospital, se tivermos a sorte de ainda dar tempo de parar em um.

Quando eu trabalhei no departamento jurídico da antiga Casas Sendas, conheci o *Dr.* Péricles, um juiz aposentado e consultor da empresa na área cível. Ele não abria mão do hábito de se alimentar a cada três horas e, por mais ocupado que estivesse, almoçava pontualmente às onze e meia, sempre. Era um senhor em boa forma, com a mente viva, com bastante resistência física e muita saúde. Ele disse certa vez que precisou ter uma gastrite para aprender a se cuidar, alimentando-se adequadamente.

E nós? Do que precisamos para nos cuidar melhor?

É realmente um grande paradoxo da humanidade o fato de perdermos a saúde para ganhar dinheiro e depois termos que gastá-lo todo, tentando recuperar a saúde. Portanto, o equilíbrio é o ideal. Não há como negarmos a existência do dinheiro no mundo em que vivemos, precisamos dele para praticamente tudo: moradia, alimentação, estudos, vestuário, mobília, lazer. Por outro lado, devemos lembrar que nem todo o dinheiro do mundo consegue comprar mais um segundo a mais de vida. Assim, precisamos cuidar do nosso bem mais precioso, que é nossa vida.

As maiores causas de afastamento de professores de sala de aula são justamente esgotamento físico, estresse emocional, depressão e problemas nas cordas vocais. Enfrentamos no dia a dia as mazelas do nosso sistema educacional, o que inclui salários aviltantes, condições precárias de trabalho, turmas lotadas, ausência da família na educação dos filhos e no seu acompanhamento escolar e outras dificuldades materiais e psicológicas.

A carreira no magistério já é considerada pela OMS (Organização Mundial da Saúde) uma das mais estressantes. Por isso mesmo, mais um motivo para que o professor se cuide com mais atenção e frequência. O professor de sucesso pode até dedicar a sua vida ao magistério, mas não deve morrer pela profissão.

Confira algumas coisas básicas que nós, professores, precisamos fazer para cuidar bem de nossa saúde física e mental!

Maneiras simples de cuidar de si mesmo	
Beber água	Os médicos, em geral, dizem que o ideal é que bebamos cerca de 2 litros de água por dia, a fim de hidratar bem o corpo e garantir o bom funcionamento dos rins. Acredito que para nós, professores, uma garrafa de água deve fazer parte do nosso material de trabalho. Precisamos beber de forma mais amiúde, para garantir uma boa hidratação das cordas vocais. Uma fonoaudióloga me disse que não adianta beber um copo inteiro de água e ficar duas ou três horas dando aula sem hidratar as cordas vocais. Ah, e não tem como dizer que não bebe água porque bebe refrigerante. A situação é ainda pior. Beba água!
Alimentar-se adequadamente	Muitos professores trabalham em três turnos e saem de uma escola para outra sem tempo sequer para tomar o desjejum ou almoçar como deveria. Sempre que possível, devemos substituir os lanches gordurosos e nada nutritivos por refeições mais saudáveis. Não paramos para abastecer nossos carros? Por que não cuidarmos do nosso corpo?
Dormir bem	Acredito que todos sabemos que a média diária de sono deve ser de oito horas por noite. Devemos nos conhecer e tentar obedecer ao nosso próprio ritmo. Eu fico ótima com sete horas de sono. Há vezes em que preciso de dez horas. Raramente consigo ser produtiva após ter dormido apenas cinco ou seis horas. Claro que haverá os dias em que valerá a exceção, a fim de fecharmos um projeto importante ou darmos conta de tanta demanda. Todavia, a exceção não deve virar a regra.
Cuidar da voz	Além de beber bastante água, devemos comer mais maçãs, pois, segundo uma amiga fonoaudióloga, a fruta funciona como um detergente que limpa as nossas cordas vocais, evitando que fiquem sobrecarregadas. E por falar em fonoaudiólogo, vale uma visita a um profissional da voz para aprender a aquecermos e fazermos impostação da voz adequadamente.
Exercitar-se	Muitas vezes achamos que já nos exercitamos muito, subindo e descendo escadas da escola, carregando bolsas cheias de livros, andando de um lado para outro. Ledo engano. É necessário que incluamos exercícios físicos sistemáticos em nossa rotina, para termos mais pique, energia, saúde e até mesmo aliviarmos o estresse diário.

Cuidar da aparência	Eu já disse que não sou a pessoa mais indicada para falar de moda, mas também não vamos exagerar. Vejo professores posando de coitadinhos para os alunos, parece até que escolhem as piores roupas para ir trabalhar. Precisamos cuidar minimamente da aparência também. Roupas dignas de nossa profissão, sapatos limpos, cabelos penteados, uma aparência de vencedor, não de perdedor ou fracassado.
Visitar o(s) médico(s) regularmente	A maioria dos professores que conheço usa parte das férias para agendar as consultas anuais às diversas especialidades médicas. Que seja assim, já que nem sempre dispomos de tempo durante o ano. É bom deixarmos nossas consultas e exames todos em dia.
Passar tempo com quem a gente ama	Passamos tempo demais no trabalho. É necessário? Cada um vai ter que responder e avaliar por si mesmo. Mas, uma coisa é certa, passar mais tempo com quem realmente amamos faz muita diferença. Então, passe mais tempo com sua família e amigos. Curta os filhos enquanto é tempo. Além disso, crie laços de afeto e amor com seus alunos. Isso faz muito bem à saúde! Passamos muito tempo em sala de aula e na escola. Não dá para cuidarmos de nós sem estarmos bem com aqueles com quem gastamos tanto tempo.

37
Use recursos auditivos, cinestésicos e visuais

Alguns professores esquecem que já foram alunos e como é ficar quatro horas por dia sentados. Entra professor e sai professor. É um tal de escreve, apaga, escreve, copia, cansa, entedia... Ainda prezamos a memorização e muita exposição oral de conteúdos.

Nem nós mesmos, adultos, conseguimos nos concentrar por longo tempo apenas ouvindo aulas expositivas. É necessário que as atividades em sala sejam variadas e contemplem recursos diversos para que os alunos vejam, ouçam, toquem, façam algo, movimentem-se.

Devemos criar recursos e materiais didáticos baratos para estimular os sentidos dos nossos alunos e trabalhar suas principais habilidades. Podemos levar poemas declamados, músicas, filmes ou trechos de filmes e propagandas, pôsteres, apresentações em PowerPoint, histórias em quadrinhos, caça-palavras ou palavras cruzadas, jogos de tabuleiro. Pode-se criar cartões com vocabulário ou imagens importantes para determinado ponto de nossa disciplina. Eles podem ser plastificados para ficarem mais resistentes ao manuseio dos alunos. É importante pensarmos em maneiras que contribuam para variar um pouco mais a maneira como ministramos nossas aulas.

Há escolas em que quadros interativos ou lousas digitais, *tablets* e acesso à internet já é uma realidade, enquanto em outras predominam ainda o quadro e giz ou caneta. Ainda assim, podemos ser criativos e buscar tornar nossas aulas mais atraentes aos sentidos dos alunos.

Quando lecionei pela primeira vez em uma turma inclusiva, com metade dos alunos surdos, lembro que fiquei me perguntando como poderia me comunicar com eles para ensinar inglês sem saber libras, apesar do auxílio de uma intérprete, e de que maneira eu poderia tornar a aprendizagem de uma nova língua interessante para aqueles alunos que ainda lutavam para se apropriar da Língua Portuguesa como sua segunda língua.

Abusei dos recursos visuais. Depois aprendi o óbvio: os olhos daqueles alunos são seus ouvidos e, suas mãos, a boca. Levei vídeos em que o inglês fosse apresentado junto com o *American Sign Language* (ASL). Cheguei mesmo a criar um projeto para a turma em que Língua Portuguesa, Libras, Língua Inglesa e ASL estivessem mais presentes nas aulas, a fim de atender a ambos os grupos presentes na turma. Logicamente que meus alunos ouvintes iam precisar falar e ouvir, além de ler e escrever. Os alunos surdos precisavam mais das duas últimas habilidades, mas se sentiram muito incluídos ao aprenderem como se comunicar em ASL, ainda que fossem palavras soltas, principalmente porque para eles é muito desafiador ler e escrever, pois, como mencionei antes, a Língua Portuguesa já é uma língua estrangeira para eles. O inglês passa a ser uma terceira língua, enquanto muitos ainda estão aprendendo a dominar a libras e se inserir na cultura escrita da nossa língua.

Ainda assim, não apenas com alunos surdos, citados como exemplo, é bom que nossas aulas permitam que os alunos utilizem diferentes canais para aprender. Eles precisam ouvir, falar, escrever, ler, mas também precisam tocar objetos, ver como as coisas funcionam, testar hipóteses, resolver problemas ou desafios, precisam ter atividades que vão além do áudio ou visual. É necessário que utilizemos recursos variados para atrair e atingir o público tão diverso que existe em nossa sala de aula.

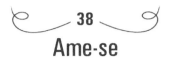

38
Ame-se

Gosto muito do versículo bíblico em que perguntam a Cristo qual é o maior mandamento e ele responde que o primeiro é amar o próximo como a nós mesmos. Muita gente esquece do final e fica só com a primeira parte: amar o próximo. Todavia, o mandamento é bastante claro. Só podemos amar o outro quando nós temos amor por nós mesmos.

Já contei no tópico 19 da professora que alegou que não era paga para amar os alunos. Provavelmente ela não amava sequer a si própria, pois para amar ao próximo, tenho que amar como amo a mim mesmo. É necessário haver esse amor verdadeiro dentro de nós mesmos para podermos ofertar ao próximo.

Por mais simples e fácil que possa parecer, amar a si mesmo pode ser desafiador, pois muitos tornam-se seus maiores inimigos, fazendo autossabotagem, sendo seus mais cruéis críticos, procrastinando sonhos e planos.

Talvez seja necessário escrever uma lista enfatizando as razões pelas quais você se ama. Outra sugestão é manter uma caixa com recadinhos dos alunos ou elogios que recebemos das pessoas. Há dias em que temos a tendência de esquecer as coisas boas e, talvez, essa caixa nos ajude a manter a perspectiva positiva sobre nós mesmos.

Quando escrevi meu primeiro livro, *Felicidade de presente*, listei os três "ingredientes" necessários para uma vida feliz: gratidão, atitude pessoal e a vivência dos valores divinos ou morais.

Em certo trecho do livro, apresento a história de uma amiga que não conseguia dizer a simples frase: *eu me amo incondicionalmente*. Ela estava com sua autoestima abaixo de zero e realmente não conseguia pronunciar aquelas palavras. Para repeti-las com convicção genuína, ela teria que sentir amor em si mesma, perceber-se como capaz de emanar o mais puro amor próprio sem impor condições para isso. Incondicionalmente. Não apenas se o fulano corresponder o amor que sinto por ele, ou alguém me notar e reconhecer meus esforços, ou eu passar naquele concurso ou qualquer outra coisa. Temos que nos amar incondicionalmente. Como geralmente os pais amam os filhos, sem esperar receber nada em troca. Amam simplesmente.

É preciso exercer esse amor-próprio, principalmente porque conhecemos todos os nossos defeitos e alguns deles são praticamente insuportáveis. Mas, não há como fugir de nós mesmos. Precisamos nos amar apesar de nossos erros e imperfeições. Sim, corrigir os erros, evitar errar muito, mas, ainda assim, imperfeitos.

Por isso, para nos amarmos de verdade, precisamos nos perdoar. Carregar o peso do passado é difícil demais. Precisamos nos livrar do peso, perdoando-nos de verdade e seguindo adiante.

Precisamos nos criticar menos. Às vezes nossas críticas são muito duras. Já vi muita gente dizer que é duro consigo mesmo, mas não é com os outros. Impossível. Só damos o que temos e amamos o próximo como nós mesmos, então, consequentemente, cobramos do outro na mesma medida que cobramos de nós mesmos. É preciso rever se não estamos sendo duros demais conosco, pois esse será nosso reflexo no trato com nossos alunos e outros semelhantes.

Não é bom demais lidar com pessoas que se amam? Seu sorriso irradia luz por onde passa. Agora, tem dia que nem mesmo a gente se suporta. Então, é hora de verificar o que está acontecendo e consertar o rumo.

39
Tenha um tempo para si

Por mais paradoxal que seja, é necessário espaço na agenda para nós. Aquele banho mais demorado, leitura prazerosa, sair para compras, meditar, salão de beleza.

Meu tempo livre, reservado só para mim, é para ler e escrever. Sinto fluxo de energia renovado ao ler um bom livro ou escrever textos – sejam poemas, crônicas, artigos científicos, livros diversos.

Se não nos dermos conta, só paramos de trabalhar quando dormimos. Isso se não acordamos no meio da noite com alguma ideia ou preocupação relacionada ao trabalho. Estamos sempre corrigindo algo, preparando uma aula, elaborando provas, lançando notas, acompanhando projetos, respondendo a pedidos diversos, participando de reuniões que, muitas vezes, aspectos de nossas vidas pessoal e profissional se entrelaçam de uma maneira bem-intrincada, difícil até mesmo de separar um pouco uma da outra.

Reservar tempo para nós mesmos traz benefícios emocionais e físicos. É bom agendarmos um tempo para desacelerarmos, cuidarmos de nós mesmos (veja o tópico 36) e fazer mais coisas das quais gostamos.

Esse tempo pode variar de alguns minutos a dias inteiros, como na época de férias. Podemos parar para respirar fundo várias vezes ao dia, fazer meditação ou alongamento, ou simplesmente não fazer nada por alguns minutos. Podemos programar aquela viagem que adiamos várias vezes, uma sessão de massagem, andar de bicicleta, ler nossos livros favoritos e uma infinidade de ideias que queremos colocar em prática, mas acabamos deixando para depois por não planejarmos um tempo só para nós mesmos.

Veja a seguir uma pequena lista de ideias de coisas para fazer no tempo que você reservou para si mesmo. O ideal é que esse tempo ajude-o a recarregar as energias, trazer de volta vitalidade e lembrar-se da pessoa mais importante: você mesmo.

Ideias para fazer no tempo reservado só para si mesmo

Dormir um pouco mais.

Correr ou pedalar.

Cuidar da beleza.

Ler aquele livro que está há meses te esperando.

Colocar a papelada em ordem.

Exercitar seus talentos: pintar, tocar violão, compor uma música, escrever um poema etc.

Assistir a seu filme ou série favorita.

Ouvir música e não fazer mais nada.

Ficar com os filhos, assistindo programas infantis.

Escrever um diário.

Iniciar um projeto que vem sendo adiado.

Testar uma nova receita.

Tomar um banho demorado.

Visitar amigos ou familiares.

Planejar a viagem de férias.

Convidar-se para um jantar em um lugar bacana.

Brincar com os filhos.

Começar a escrever um livro.

Organizar as fotos digitais.

Telefonar para um amigo ou familiar.

Caminhar e curtir a natureza.

Tirar fotos.

Gravar vídeos.

Não fazer absolutamente nada!

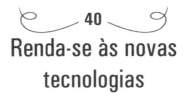

Renda-se às novas tecnologias

Até bem pouco tempo eu ouvia alguns professores dizer que utilizar os recursos das novas tecnologias, especialmente aqueles da internet era perda de tempo e modismo. A justificativa era a de que aqueles professores não precisaram de nada daquilo para aprenderem as coisas da escola em sua época.

Acho que só esqueceram que estamos em um período completamente diferente. O volume de informação a partir dos anos 2000 cresceu de forma gigantesca. A internet se consolidou no Brasil também a partir desse período, quando passamos a ter acesso à conexão mais veloz do que o lento e ultrapassado acesso discado.

Novas profissões são criadas, novos blogs surgem, novos aplicativos são colocados à disposição dos usuários, as redes sociais cresceram com força total, sendo o Facebook, atualmente a principal rede, com mais de um bilhão de usuários em todo o mundo. E ele foi criado em 2004.

As pessoas deixaram de ser meras consumidoras da informação para criarem e compartilharem seus conteúdos, seja através de texto, som ou vídeo ou uma hibridização desses formatos. As fronteiras espaciais-geográficas, culturais e temporais foram praticamente todas quebradas.

Estamos em uma nova era, mas ainda com professores resistentes a essas mudanças, alegando que em sua época era só o quadro, giz, caderno e livro e ele conseguia aprender tudo.

Escrevo este livro no trimestre final de 2013, quando conheci uma aluna de um curso de pós-graduação que abandonou o curso porque os trabalhos finais das disciplinas tinham que ser entregues digitados, em formato doc. Ela não sabia como digitar os textos e achava que os professores tinham que receber o trabalho manuscrito, naquele estilo de papel almaço, lembram-se?

Estamos falando de um profissional que está atuando em sala de aula, com uma porção de alunos com acesso à internet diretamente de seus aparelhos celulares. Quanta oportunidade desperdiçada.

Se por um lado é necessário analisar criticamente o que vamos inserir em nossas aulas e com que finalidade, por outro, é incontestável o fato de que precisamos nos render aos encantos das novas tecnologias para tornar nosso trabalho mais alinhado com a demanda atual de interação e colaboração cada vez maiores para a criação de projetos significativos.

Até mesmos alguns vovôs e vovós não muito jovens estão acessando as redes sociais, acompanhando o crescimento dos netos a distância, colocando-se a par dos acontecimentos em rede nacional, principalmente nós professores. Precisamos descobrir bons sites, blogs, canais do YouTube e ferramentas diversas para utilizar em nossas aulas e auxiliar no letramento digital de nossos alunos.

No meu livro *Oficina de escrita criativa – Escrevendo em sala de aula e publicando na web* (também pela Editora Vozes), apresento sugestões de produções textuais que podem ser feitas em sala de aula e que podem ter a internet como canal de publicação, seja através do blog da turma, apresentação de vídeos individuais ou coletivos no YouTube, criação de história em quadrinhos e jornais online, livros eletrônicos ou os chamados e-books, entre outras ferramentas como SlideShare, Prezi, Google docs, Glogster e Wallwisher. Mesmo que você não seja professor de Língua Portuguesa, vale a pena conferir no livro as sugestões de uso de todo esse material disponível gratuitamente online, a fim de incrementar os trabalhos apresentados pelos alunos em sua disciplina.

Se quiser, pode também curtir a minha fanpage no Facebook. Lá você encontra algumas dicas e sugestões para as aulas e ainda podemos bater um papo sobre este livro ou os outros títulos. O endereço é: https://www.facebook.com/ProfessoraSolimar

Veja outros *links* interessantes para professores que podem ser os da tabela abaixo:

Ferramenta	Link
Portal do Professor – MEC – são planos de aula interessantes para várias disciplinas da educação básica.	http://portaldoprofessor.mes.gov.br/buscarAulas.html
Revista Nova Escola – rico conteúdo online para todas os níveis e disciplinas.	http://revistaescola.abril.com.br/
Revista Educar para Crescer – conteúdo riquíssimo, inclusive jogos *online*.	http://educarparacrescer.abril.com.br/
Teacher Tube – canal de vídeos só para professores (em inglês).	http://www.teachertube.com/
Facebook *in education* – página do Facebook para educadores (em inglês).	https://www.facebook.com/education
Digital tools for teachers – blog em inglês.	https://www.digitaltoolsforteachers.blogspot.com.br/
Edudemic – um site interessante sobre conectar educação e tecnologia (em inglês).	https://www.edudemic.com/2012/08/50-education-technology-tools-every-teacher-should-know-about/

Mas não se escravize. É bom inserir as novas tecnologias em nossa prática, especialmente quando começamos a ver nossos alunos se engajando na aprendizagem e criando coisas interessantes, mas as melhores coisas da vida, inclusive da nossa sala de aula, ainda acontecem fora da tela.

Registre tudo

Quando trabalhei como assistente administrativo da antiga Casas Sendas, na época em que fazia a faculdade, aprendi a necessidade de anotarmos tudo para não esquecermos. Às vezes o telefone tocava enquanto estávamos digitando alguma petição urgente e importante. Para variar, o bloco de recados ficava longe e, então, quem atendia o telefone achava que depois que terminasse de digitar ia escrever o recado e pronto. Quanta confiança na memória. Só lembrávamos depois que o chefe chegava bastante irritado porque uma de nós havia esquecido de passar a mensagem.

Depois de algumas vezes confiando na memória e sendo traída por ela várias vezes – e olha que eu tinha menos de vinte anos na época! – passei a anotar tudo. Tenho uma agenda pequena, onde anoto os compromissos, uma caderneta para as ideias principais; uso diário para anotar, a lápis, as datas dos trabalhos que pedi às turmas. Além disso, uso a agenda do Google drive para os compromissos maiores, os projetos e datas importantíssimas. Sempre verifico mensalmente o que está anotado, a fim de planejar meu mês. Também utilizo uma lista de coisas a fazer no site Remember the Milk, que me envia por e-mail as coisas que listei para fazer. Pode-se já definir a provável data de execução dos itens de sua lista e configurar para receber no seu e-mail um lembrete com antecedência.

É bom sempre ter registrado com nossos alunos as datas, o que foi pedido e combinado com eles, qualquer problema em relação a comportamento inaceitável em sala de aula, uma atividade extra que propuser, enfim, tudo o que puder anotar, deixe registrado.

Muito importante também é deixar registrado as boas práticas com seus alunos. Há tantos projetos que fazemos informalmente, resultados que são apresentados e esquecidos, criações dos alunos que desaparecem com o tempo. Hoje em dia, podemos registrar de forma bastante econômica através de fotos digitais e filmagem com câmeras e aparelhos celulares.

É bom abrir um arquivo e criar nosso portfólio com os trabalhos realizados pelos alunos para as nossas disciplinas. Esse arquivo digital pode inspirar outros colegas ou mesmo outras turmas a produzirem trabalhos fantásticos, que valem a pena mesmo serem registrados.

Abra um canal no YouTube, ainda que seja reservado, para baixar os vídeos das turmas. No livro *Oficina de escrita criativa – Escrevendo em sala e publicando na* web há sugestões de trabalhos que os alunos podem fazer utilizando vídeos. Podem ser trabalhos em grupo, como apresentação de músicas, apresentação de notícias e dramatizações; ou trabalhos individuais, como discursos, explicações de pontos da matéria, produções textuais diversas etc.

Experimente registrar os trabalhos dos alunos e selecionar aqueles que valem mesmo a pena ficar arquivados. Depois, no final do ano, faça uma apresentação com as imagens e vídeos, organizando os melhores momentos das turmas. Apresente os trabalhos para outros professores, compartilhe as boas ideias, divulgue o que fez de bom. Só vai conseguir fazer isso se registrar tudo.

Use cores

Já vi professores perderem provas e trabalhos de alunos ou misturarem tudo até ficarem "loucos" para acharem as tarefas dos estudantes.

Nosso tempo em sala às vezes é tão corrido que, se não nos organizarmos minimamente (veja tópico 16), acabamos misturando envelopes de provas e trabalhos soltos das turmas. Depois, é um caos encontrar uma folha de um dos alunos em meio a centenas de outras.

Sacos plásticos próprios para colocarmos folhas costumam ser eficazes para não perdermos os documentos. Pastas de elástico com cores são excelente ideia para separar o material de aula. Podemos separar uma cor para cada matéria ou turma. Depois é só pegar e já está tudo lá.

Em épocas em que eu possuía umas quinze a vinte turmas, eu separava as pastas por escola. Dentro eu colocava pastas mais finas, uma para cada série e, dentro destas, os sacos plásticos para separar o material de cada turma.

Hoje eu tenho minhas seis turmas do Ensino Fundamental e duas a três da faculdade. Então separo por cores. A pasta azul é do sexto ano, a vermelha é do sétimo e a cinza é do nono ano, por exemplo. Na universidade, tenho uma pasta amarela para a disciplina de Língua Inglesa. Dentro, o material das dezessete unidades separado por plásticos. A pasta de Trabalho Final de Curso é cinza e dentro há pastas amarela e verde, para cada turma, uma de projeto e outra de monografia.

Embora explicando assim pareça que dá um trabalho enorme, na verdade facilita na economia de tempo. É uma quarta-feira. Tenho aula com o Ensino Fundamental, só pego as pastas referentes as séries e vou trabalhar. Ali tenho as folhas necessárias, os trabalhos dos alunos por turma, tudo o que preciso, sem ficar vasculhando o escritório em busca de papéis que ganharam vida e saíram por todos os cantos.

Também me ajuda a separar por cores as coisas que tenho para fazer. Ao fazer minha lista de tarefas, ao lado de cada uma eu sinalizo por cores as prioridades. Pinto um quadrado ao lado da lista: vermelho, itens urgentes. Azuis, coisas pessoais. Verde, se der tempo. O site Remember the Milk (www. rememberthemilk.com) permite a criação de listas de tarefas, as quais podemos separar por categorias como trabalho, estudos, projetos etc. Também podemos estabelecer prioridades para os itens da lista. O melhor é que a lista de tarefas é enviada diretamente para nosso e-mail, ajudando-nos a lembrar do que tem que ser feito. Ainda é possível visualizar ou imprimir a lista semanal, para maior organização e planejamento do tempo. Ao separar em prioridades, as cores das tarefas são sinalizadas para melhor visualização.

Podemos usar cores também para corrigir provas e trabalhos. Há professores que não abrem mão da caneta vermelha. Não tenho nada contra, mas podemos variar um pouco mais, principalmente nós, professoras, usando e abusando de cores mais alegres e descontraídas. Então, use outras cores também. Quebre a rotina.

De igual maneira também use mais cores nos materiais de aula. Seja o quadro branco escrito com canetas de diferentes cores para destacar os exemplos ou chamar atenção para algum ponto, até o material digital como slides no PowerPoint com mais imagens e cores para evitar a monotonia do preto no branco. Mude um pouco a forma de apresentar o conteúdo, mesmo usando recursos básicos como giz ou caneta e quadro.

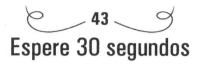
Espere 30 segundos

30 segundos. Parece pouco? Uma eternidade? Bem, para Einstein, tudo é relativo. Há um texto que exprime bem a relatividade do tempo. Nele podemos compreeender que cada milésimo de segundo vale muito. Reflita sobre ele.

> **Banco do tempo**
>
> Imagine que você tenha uma conta corrente e a cada manhã acorde com um saldo de R$ 86.400,00. Só que não é permitido transferir o saldo do dia para o dia seguinte. Todas as noites o seu saldo é zerado, mesmo que você não tenha conseguido gastá-lo durante o dia.
>
> O que você faz? Você irá gastar cada centavo, é claro!
>
> Todos nós somos clientes desse banco que estou falando. Esse banco se chama TEMPO. Todas as manhãs é creditado para cada um 86.400 segundos. Todas as noites o saldo é debitado como perda.
>
> Não é permitido acumular esse saldo para o dia seguinte. Todas as manhãs a sua conta é reinicializada e todas as noites as sobras do dia se evaporam. Não há volta. Você precisa gastar vivendo no presente o seu depósito diário.

Invista, então, no que for melhor: na saúde, felicidade e sucesso! O relógio está correndo. Faça o melhor para o seu dia a dia.

• Para você perceber o valor de UM ANO, pergunte a um estudante que repetiu de ano.

• Para você perceber o valor de UM MÊS, pergunte para uma mãe que teve o seu bebê prematuramente.

• Para você perceber o valor de UMA SEMANA, pergunte a um editor de um jornal semanal.

• Para você perceber o valor de UMA HORA, pergunte aos amantes que estão esperando para se encontrar.

• Para você perceber o valor de UM MINUTO, pergunte a uma pessoa que perdeu um trem.

• Para você perceber o valor de UM SEGUNDO, pergunte a uma pessoa que conseguiu evitar um acidente.

• Para você perceber o valor de UM MILISSEGUNDO, pergunte a alguém que ganhou medalha de prata em uma olimpíada.

Valorize cada momento que você tem!

Solimar Silva
www.solimarsilva.com

Experimente começar a cronometrar o espaço entre estímulo-resposta. Por exemplo, marque o tempo entre a pergunta que você faz à turma relacionada a algum ponto da disciplina (estímulo) e a formulação de seus pensamentos para que iniciem sua fala, sua participação (resposta). É incrível quantos professores fazem perguntas e, julgando haver decorrido muito tempo – às vezes 10 a 15 segundos – se põem a responder, sem permitir que o aluno digira a pergunta.

Ainda mais proveitoso é dar um tempo de 30 segundos, pelo menos, entre algum estímulo negativo dos alunos (deboches, sarcasmos, piadinhas, afrontas etc.) e a *sua* resposta. Nos primeiros segundos, só ocorre "dar uma resposta à altura". E, geralmente, nesses casos, só se contribui para que haja duas ofensas no lugar de uma.

Com 30 segundos, tem-se mais tempo para "ventilar as ideias", pensar mais claramente e utilizar o incidente para ensinar, levar à reflexão, enfim, ver quais são outras opções que antes eram impossível enxergar.

Vou citar um exemplo de um aluno, a quem chamarei de Osvaldo. Ele estava no oitavo ano. Era início do ano e, cumprindo eu com a norma da escola, verificava se os livros estavam devidamente encapados e anotava os nomes daqueles que ainda não o haviam feito. Quando anoto seu nome, Osvaldo levanta a voz e diz: "Que palhaçada!" Eu, julgando que ele não repetiria, se confrontado, caí na besteira de perguntar: "O quê, Osvaldo?" E ele, nada intimidado, falou ainda mais alto: "Isso que *tu tá* fazendo é uma grande palhaçada!"

Reação em menos de 30 segundos seria: "Ei, quem você pensa que é e com quem está falando? Já vou providenciar uma advertência agora! Não admito esse tipo de comportamento e blá, blá, blá".

Respirei fundo. Os olhares dos outros alunos estavam sobre mim, à espera do desenrolar da história. Afinal, início de ano é momento propício de se testar limites! E Osvaldo estava se saindo bem, na visão dos colegas.

Respirei fundo – é, de novo, afinal também não sou de ferro. Então, tentei entender por que ele achava "uma palhaçada" e pedi que ele me escrevesse, argumentando os porquês, me explicando sua visão e sugerindo o que julgasse melhor – e isso enquanto eu continuava a tarefa!

Ao final, ele me entregou seu texto, no qual ele mesmo dizia que não achava "palhaçada, não", pedia desculpas e prometia levar seu livro encapado na aula seguinte. A princípio, pensei: "Oh, não. Bloqueei seu espírito crítico. Ele só está fazendo o que acha que vai me agradar".

Na aula seguinte, lá estava Osvaldo, com livro, caderno e caderneta de anotações encapados e, com o mesmo volume de voz da aula anterior, fez questão de anunciar.

Durante todo o ano meu medo foi exterminado. Cada vez que Osvaldo discordava de algo, ele sabia que poderia fazê-lo, desde que apresentasse argumentos para suas ideias. E ele o fazia.

Tudo por causa de 30 segundos de autocontrole.

44

Aprenda ao ensinar

Costumo falar com meus alunos de licenciatura que a melhor maneira de aprendermos qualquer coisa é justamente ensinando e, por isso mesmo, eles devem promover espaços em suas aulas para que seus alunos assumam o papel de professor ou monitor e expliquem o conteúdo uns aos outros.

Nós, professores já formados e mesmo experientes, podemos aprender mais ao ensinar. Podemos nos aprofundar em alguma questão, ao elaborar aulas e buscar responder possíveis perguntas, mesmo aquelas que nunca nos fizeram. Seria interessante sabermos, por exemplo, por que estamos ensinando determinado ponto da matéria. Poderíamos pesquisar sobre as razões de aquele conteúdo estar no currículo de nossa disciplina ou até mesmo investigarmos de tal forma a sequer fazer menção àquele ponto novamente, sabendo justificar sua inutilidade.

Ao ensinar, aprendemos mais a noção de tempo para fazer perguntas, aguardar respostas, saber o quanto é possível ser trabalhado em um ou dois tempos de aula, com cinquenta minutos cada. Também aprendemos a ler as expressões faciais com mais acuidade, a fim de perceber se os alunos estão acompanhando a explicação ou se estão mexendo em seus celulares para jogar ou enviar SMS.

Aprendemos que há grande abismo entre o que é supostamente ensinado e o que é efetivamente aprendido. Assim aprendemos que o processo completo se chama ensino-aprendizagem. Não pode haver um sem a existência do outro.

Ao ensinar, aprendemos a falar a mesma coisa de maneiras bem diferentes, de acordo com o número de vezes que os alunos perguntam e a quantidade de repetições que precisamos fazer, pois, se for para repetir literalmente com as mesmas palavras, não vai adiantar muito, os alunos continuam sem entender.

Ensinando, aprendemos a transformar nossas explicações elaboradas e bonitas, dignas dos nossos títulos de graduados, especialistas, mestres ou doutores, em formas mais simples e sem rodeios, principalmente claras e cristalinas, para que nossos alunos possam realmente se aproveitar delas.

Aprendemos também que os alunos têm muita coisa para nos ensinar. Talvez não relacionado à nossa disciplina ou estreitamente ligado ao agir pedagógico. Mas, eles podem nos ensinar sobre a vida, sobre o outro, sobre sair de nós mesmos para estender a mão para o próximo.

Como Ana Luísa, de treze anos, que cuida do irmão mais velho, enquanto a mãe fica na roda de bebida com os "amigos". Como Vívian, que foi molestada pelo pai e fugiu com a irmã para que ela não passasse pela mesma situação. Como Jeferson, que vende flores no final de semana para ajudar a família e chega cansado na segunda-feira de manhã. Como Letícia, que canta divinamente bem, sem nunca ter feito um curso. Como Emanuel, que contou para a prima que passou a gostar de Inglês por causa de sua professora. Como Luana, que já era responsável e dedicada desde nova. Ou tantos outros que estão em nossas salas, dispostos a nos ensinar se os permitirmos.

Voluntarie-se

Uma das coisas que mais me impressionou quando fui aos Estados Unidos conhecer o sistema de ensino e algumas instituições de Ensino Fundamental a Superior foi a forte presença do voluntariado em todas as esferas. Conheci projetos incríveis, conversei com pessoas que haviam fundado ONGs, gestores de escolas onde, embora paradoxalmente, o voluntariado era quesito obrigatório do currículo e saí de lá impressionada com o tanto que o serviço voluntário pode ser feito.

Quando fui missionária em Portugal, um trabalho totalmente voluntário por um ano e meio, tinha na agenda proposta para os missionários a sugestão e o compromisso de prestar serviço voluntário por, pelo menos, quatro horas semanais. No começo achei estranho, pois eu já prestava um serviço voluntário de dedicação exclusiva. Entretanto, compreendi que, além das atividades relacionadas ao proselitismo, era necessário fazer algo mais para o próximo.

Então, apesar de nossas agendas lotadas, vejo que os professores de sucesso são aqueles que conseguem alocar tempo para o trabalho voluntário, seja em sua igreja, comunidade ou mesmo na escola em que atua. É dar o passo a mais em nossas profissões, em nossa vida mesmo, e doar ao próximo o nosso tempo e nosso talento em seu benefício.

Conheço professores que dedicam parte do seu tempo lecionando suas matérias gratuitamente em pré-vestibulares comunitários, para pessoas que desejam acesso ao Ensino Superior público, mas não têm condições de custear os estudos. Outros participam de ações de caridade em hospitais, asilos ou outras instituições variadas. Alguns ensinam em escolas dominicais ou classes do Evangelho em suas igrejas. Outros mobilizam-se rapidamente em prol do próximo em casos de catástrofes. É possível ser voluntário a qualquer momento e em qualquer lugar, pois há sempre oportunidades de auxiliar outras pessoas, contribuir para um mundo melhor e deixar um legado de serviço e amor.

Esse tipo de serviço abnegado e sem esperar nada em troca é fundamental para nosso bem-estar. Esquecemos até mesmo de nossos problemas ou os redimensionamos quando encaramos a dor do próximo. Fazer bem a outra pessoa faz bem a nós mesmos em primeiro lugar. Então, busque oportunidades onde você estiver para servir de modo sistemático e não esporádico. Inclua na sua rotina, envolva a sua família. Podemos tornar o mundo bem melhor com a nossa presença, ao invés de ignorarmos os problemas ou só esperarmos que o governo faça alguma coisa.

Por outro lado, voluntariar-se em seu próprio trabalho pode, ainda que não seja o objetivo, render dividendos inesperados. Gostaria de contar apenas uma experiência para ilustrar.

Assim que tomei posse como professora do Estado do Rio de Janeiro, onde atuei por sete anos, comentei com a diretora que eu havia lançado meu primeiro livro, *Felicidade de presente,* dois meses antes e havia organizado uma palestra para os professores, falando sobre o papel da felicidade no processo ensino-aprendizagem. Então, ofereci ministrar a palestra para os professores gratuitamente.

No final de um ano, eu havia ministrado duas ou três palestras em reuniões para professores. A minha diretora comentou sobre meu trabalho com a diretora do curso de Pedagogia da universidade da mesma cidade. Então, convidaram-me para proferir uma palestra, também gratuita, aos alunos e professores do curso. Em outubro ou novembro, eu estava lá na universidade ministrando a palestra. Conheci alguns professores, revi outros, pois eu havia estudado na mesma universidade.

No ano seguinte, em setembro, a diretora da universidade me ligou e me convidou para dar aulas no curso de Pedagogia, lecionando disciplinas que estavam relacionadas a minha formação em Letras. O convite veio um pouco mais de um mês depois de meu contrato como consultora pedagógica de um curso de idiomas ter sido encerrado. Eu mais do que ansiava por outro trabalho. Até hoje estou lecionando na universidade, um local de trabalho ótimo, com bons amigos, alunos maravilhosos, fazendo o que amo fazer: ensinar e aprender, lecionar e pesquisar. Isso tudo como fruto de uma singela palestra voluntária naquela escola há pouco mais de oito anos.

46
Lembre-se que o mundo dá voltas

Costumo brincar com meus alunos da graduação, dizendo que devem tratar muito bem seus futuros alunos do Ensino Fundamental, pois nunca saberão quem se tornará o enfermeiro que ministrará uma injeção.

Certa noite, eu estava dando aulas de Didática para uma turma de Ciências Biológicas na universidade. Eu falava sobre a importância de amarmos a profissão, amarmos nossos alunos, termos entusiasmo, marcarmos positivamente a vida de cada um deles. Naquela noite, havia uma aluna diferente que, só no meio da aula eu fiquei sabendo que não era aluna, mas visitante que acompanhava outra aluna.

Uma pena eu não recordar agora seu nome. Mas, foi com muita emoção que ouvi aquela moça se identificando, dizendo para a turma que o que eu falava era verdade, pois ela havia sido minha aluna de Língua Inglesa na terceira série (atualmente quarto ano), em 1997, em uma pequena escola no Bairro Califórnia, em Nova Iguaçu, em meu primeiro emprego como professora recém-formada. Vê-la quase dez anos depois guardando em seu coração tamanho afeto me fez ficar ainda mais alerta em relação à forma como trato meus alunos.

Outra situação foi quando meu filho estava com dois anos e resolvi matriculá-lo nas aulas de natação perto da minha casa. Logo reconheci que a professora de natação fora minha aluna no Ensino Médio nove ou dez anos antes. Já pensou se ela tivesse "pendências" comigo e resolvesse afogar meu filho?

Por fim, outro grande exemplo é o querido Professor Almeida, de Língua Portuguesa. Ele foi o melhor professor que tive na educação básica. Estudei com ele os três anos do Ensino Médio e adorava suas aulas. Quando fiz meus estágios na época da faculdade, fui até à escola onde estudei o Ensino Médio e ele era o diretor para solicitar que meu estágio fosse feito lá. Fui prontamente atendida por ele.

Atualmente, estou na coordenação do curso de Letras da Unigranrio, tendo o privilégio de trabalhar com esse grande mestre. Ele talvez jamais tenha imaginado que naquela turma lotada de uma escola pública, no curso técnico em contabilidade, fosse sair alguém que viria ser sua colega de profissão. Colega e grande admiradora da maneira clara e descontraída com que ele ensinava as minúcias da Língua Portuguesa. Ele pode não ter imaginado, mas sua postura sempre foi a de respeito e profissionalismo. Certamente não tinha do que se envergonhar quando o mundo deu uma dessas voltas e nos reencontramos.

Então, professores, tentemos não ignorar nossos alunos, principalmente aqueles que vão mal em nossas disciplinas, que não os desprezemos nem menosprezemos. Que possamos deixar sementes de fé, esperança e otimismo. E que nosso reencontro, caso haja algum dia, possa ser repleto de felicidade pelo sucesso deles, seja em que área digna tiverem escolhido. E que não nos envergonhemos por ter subestimado sua capacidade e inteligência. Que possamos olhar nos olhos deles com alegria, pois contribuímos para seu sucesso, pelo menos acreditando que seria possível.

Estou longe da perfeição, mas tento sempre lembrar dessas pequenas voltas que o mundo dá. Hoje, nossos alunos; amanhã, amigos, colegas de trabalho, professores dos nossos filhos, profissionais conceituados, pais de família e até, quem sabe, nossos empregadores.

Encerro com uma história muito interessante que retrata a importância de lembrarmos que esse mundo é pequeno e que é sempre bom fazer o bem, justamente pelas rápidas voltas que ele dá.

A gente colhe o que planta

Um dia, enquanto trabalhava para ganhar a vida e o sustento para sua família, um pobre fazendeiro escocês ouviu um pedido desesperado de socorro vindo de um pântano nas proximidades. Largou suas ferramentas e correu para o local. Lá chegando, enlameado até a cintura de uma lama negra, encontrou um menino gritando e tentando se safar da morte. O fazendeiro salvou o rapaz de uma morte lenta e terrível.

No dia seguinte, uma carruagem riquíssima chega à humilde casa do escocês. Um nobre elegantemente vestido sai e se apresenta como o pai do menino que o fazendeiro tinha salvo.

– Eu quero recompensá-lo – disse o nobre –, você salvou a vida do meu filho.

– Não, eu não posso aceitar pagamento para o que eu fiz – responde o fazendeiro escocês, recusando a oferta.

Naquele momento, o filho do fazendeiro veio à porta do casebre.

– É seu filho? – perguntou o nobre.

– Sim – o fazendeiro respondeu orgulhosamente.

– Eu lhe farei uma proposta. Deixe-me levá-lo e dar-lhe uma boa educação. Se o rapaz for como seu pai, ele crescerá e será um homem do qual você terá muito orgulho.

E foi o que ele fez. Tempos depois, o filho do fazendeiro se formou no St. Mary's Hospital Medical School de Londres, ficou conhecido no mundo como o notável Senhor Alexander Fleming, o descobridor da penicilina.

Anos depois, o filho do nobre estava doente com pneumonia. O que o salvou? A penicilina.

O nome do nobre? Senhor Randolph Churchill.

O nome do filho dele? Senhor Winston Churchill.

(Fonte: Internet)

47

Compartilhe as boas ideias

Muitas vezes ao contrário de sermos narcisistas, aquelas pessoas que exageram sua importância, beleza, inteligência e feitos, somos modestos demais. Talvez julguemos que o trabalho que realizamos é muito simples ou básico. Talvez pensemos que em outras escolas ou em outros países os professores realizam um trabalho incrível e muito melhor que nós. Então, as nossas boas práticas acabam ficando fechadas dentro da nossa sala de aula e ninguém mais sabe a respeito do que estamos fazendo, dos projetos criativos ou dos trabalhos incríveis que os alunos apresentam.

Pode ser que só percebamos que temos muito o que compartilhar quando os próprios colegas passaram a elogiar algumas iniciativas ou os alunos dizerem que nunca haviam tido uma aula tão legal ou feito um trabalho tão criativo ou divertido. É preciso divulgarmos e compartilharmos nossas boas práticas e também aprendermos com outros colegas que compartilham suas boas ideias. Aprendemos com a troca, com a interação com o outro.

Creio que todos nós deveríamos ter uma disciplina de *marketing* em nossos currículos, a fim de aprendermos estratégias para divulgação dos projetos e resultados obtidos em nosso trabalho.

Se você seguir as sugestões do tópico 41, *Registre tudo*, você terá um quadro geral do que vale a pena ser divulgado entre seus pares. Esse compartilhamento pode se dar desde um bate-papo informal, no qual você relata o que anda fazendo que está dando certo, a compartilhamento na rede, seja no blog da escola, grupo do Facebook dos professores, canais de vídeo ou outra ferramenta de compartilhamento de ideias.

Ao compartilhar, trocamos experiências, vemos se alguém já fez algo similar e tem outras ideias para partilhar, a fim de aprimorarmos nossas iniciativas. Além disso, promovemos um efeito em cadeia, com novas ideias circulando e gerando outras novas ideias.

Veja a seguir algumas sugestões de como compartilhar as ideias e os projetos que você vem desenvolvendo em sua escola.

Compartilhando boas ideias

Crie um blog pessoal (www.blogger.com é uma boa opção) para compartilhar fotos, vídeos e postagens relacionadas a seu trabalho.

Abra uma página no Facebook e divulgue para outros professores e amigos.

Participe de grupos de outros professores no Facebook para compartilhamento de ideias.

Crie um canal no YouTube e poste vídeos sobre a sua área.

Escreva um livro digital e disponibilize gratuitamente no seu blog.

Publique seu livro na forma impressa.

Dê palestras na sua escola ou para os professores da rede onde você leciona.

Procure congressos, fóruns e simpósios de universidades e inscreva-se para apresentar uma experiência.

Tire mais fotos.

Grave mais vídeos.

Disponibilize na internet o que for possível.

Crie um portfólio digital com as boas práticas do ano.

Escreva um artigo para uma revista da área.

Conceda entrevistas para jornais ou revistas.

Compareça às reuniões de pais e mostre a eles o que vocês têm feito.

Use o Pinterest para postar fotos dos momentos mais marcantes em sala de aula com seus alunos.

Use o Twitter para comunicar pequenas ideias e projetos.

Grave um CD ou DVD com os projetos realizados e distribua para outros colegas ou para a Secretaria de Educação da sua rede.

48
Celebre mais

Muitas vezes ficamos esperando o grande momento de nossas vidas para celebrarmos. Algumas vezes, esperamos demais.

Devemos celebrar com mais frequência. Seja uma aula maravilhosa, da qual saímos tendo a certeza de que escolhemos a profissão certa; um esforço extra dos alunos para fazerem trabalhos significativos; um projeto que deu certo; uma nova ideia que implementamos; uma reunião com nossos colegas de trabalho, muitos dos quais se tornam grandes amigos; seja o que for, creio que é preciso viver em estado de celebração pela vida.

Enquanto escrevia e terminava a revisão deste livro, dois fatos foram muito marcantes. Primeiro, a perda de um colega de trabalho, um professor e pesquisador inteligentíssimo, muito culto, admirado pelos alunos, enfim, brilhante. Ele teve um problema cardíaco, prolapso da válvula mitral, e estava aguardando uma eminente cirurgia. Quinze dias antes ele havia feito exames que indicaram o problema. Nós nos vimos pela última vez em uma quinta-feira à noite. Como seu carro estava fora do estacionamento da universidade, a umas três quadras de distância, dei carona a ele no fim da noite. No curto trajeto, conversamos sobre seu período de afastamento e ele saiu do meu carro falando de modo positivo da operação. Despediu-se de mim dizendo que em quatro semanas, no máximo, estaria de volta.

Na manhã seguinte, ele veio a falecer.

No dia em que recebi a notícia, fiquei quase sem acreditar. Sabe aquela sensação estranha de você ter acabado de ver a pessoa viva, conversando, ainda que estivesse adoentada? Ele não estava hospitalizado, estava trabalhando – além de suas forças, entendo. E, no dia seguinte, nada mais. Nenhum trabalho para corrigir, seminário para analisar, aulas maravilhosas para os alunos absorverem tanto conhecimento. Nada.

Nesse mesmo dia, à tarde, quando cheguei à escola onde leciono, o segundo fato. Um outro colega de trabalho, no dia anterior, havia sido atropelado por um ônibus. Estava saindo de uma escola de manhã e se dirigindo àquela onde ambos trabalhávamos e, assim, do "nada", o acidente que mudou tudo: planos, sonhos, rotina.

Por isso, celebre mais. Viva mais. Exerça sua profissão com maestria, para deixar saudades, para marcar de modo positivo a vida de seus alunos. Viva com amor e paixão, para deixar sua marca registrada em todos os que tiverem o privilégio de conhecer você.

Não espere um momento fenomenal para celebrar. Veja o nascer ou o pôr do sol com mais tranquilidade, repare na lua lá fora, veja formigas carregando folhas, não espere a festa de quinze anos de casamento, celebre a de oito ou de treze, por exemplo. Não viva adiando os momentos felizes, guardando a roupa nova para a ocasião perfeita, o perfume para uma data especial, o entusiasmo para algum resultado excepcional.

Viva a vida celebrando cada instante, pois nunca sabemos quando será o nosso último. A vida é um sopro e, nós, poeiras ao vento. Daqui a pouco estaremos sendo levados para longe daqui.

Simples assim. Celebre mais a vida!

49
Não tenha medo de errar

O medo é um grande inibidor de novas ações. Às vezes, paralisamos por medo. E não me refiro aqui ao medo do qual somos reféns nas grandes cidades com a criminalidade e insegurança. Há medos invisíveis que nos prendem. Um deles é o medo de errar.

Se temos medo de errar, muitas vezes sequer tentamos fazer algo diferente. As escolas, no geral, não valorizam o erro como forma positiva de exercício de criatividade. Ainda encontramos ambientes muito positivistas. É o certo e o errado. O preto e o branco. E esquecem as nuanças de cores e a gama de respostas possíveis.

Saímos da faculdade sem saber tudo e passamos a vida inteira sem sabê-lo. Estamos em constante processo de aprendizagem. Ou pelo menos deveríamos estar. A formação do professor deve ser contínua. É impossível que apenas três ou quatro anos do curso superior deem conta de nossa formação completa. Por isso mesmo, chama-se formação inicial.

Assim, cometeremos erros o tempo todo. A questão é buscarmos não repetir os erros cometidos. Devemos buscar incessantemente aprimorar em nossa profissão, seja ela qual for. Não dá para fazer como uma professora de Ciências cujas aulas uma aluna estagiária assistia. Essa professora tinha o mesmo caderno da época em que a estagiária estudou naquela escola. Em determinada aula, a professora ditava conteúdo relacionado a combustíveis. Quando um aluno perguntou sobre o GNV, que não estava em seu caderno amarelado, a professora desconversou e disse que seria tópico para uma outra aula.

Meu filho Lucas, aos três anos, começou a utilizar a expressão: "Você é medrosa" quando se sentia contrariado. Acho que ele pensava que *medrosa* era uma palavra feia e, assim, estaria me ofendendo. Expliquei para ele que todos somos medrosos. Ele, espantado, perguntou: "Até eu, mamãe!?" Sim, todos temos algum tipo de medo. E não há mal nisso. É necessário que tenhamos limites para nos proteger, pois o medo também é mecanismo de sobrevivência.

Somos seres muito medrosos. Uma consulta rápida a uma lista de fobias no Wikipédia revela um dicionário imenso de fobias. Só na letra A temos mais de quarenta fobias listadas. No site há a informação de que os dicionários médicos trazem centenas de fobias e que o número de fobias possíveis é quase infinito.

Então, embora ter medo seja algo natural e possa até mesmo desencadear aversões mais específicas, que seriam as fobias, nós devemos estar alerta em relação aos medos que nos paralisam profissionalmente.

Não me lembro onde li e qual é a fonte, mas há uma citação que diz que a covardia é o medo consentido, enquanto a coragem nada mais é do que o medo dominado. E muitas vezes é isso mesmo que teremos que fazer: sentir medo, mas seguir adiante, minimizando o medo de errar.

Lembro-me que na adolescência eu ficava imaginando como os professores não ruborizavam diante da turma para dar aula. Logo eles que passavam tão pouco tempo conosco nunca pareciam tímidos, enquanto eu, para apresentar trabalhos, ficava logo vermelha como um tomate. Acabei me tornando a oradora ao final do Ensino Médio, quando estaríamos no teatro da câmara municipal da minha cidade, com todas as turmas de formando e seus familiares e amigos me ouvindo. Fiquei ansiosa, tensa e fui para o palco quando chamada, apesar de já estar vermelha antes de segurar o microfone.

As pessoas diziam que eu falava bem em público. Talvez não soubessem o quanto eu enfrentava esse medo várias vezes, ao invés de fugir dos convites e obrigações, na igreja ou na escola. Sentia medo, mas seguia em frente. Até que me tornei professora e palestrante. Tenho fascínio por falar em público. Ainda que nos primeiros segundos ainda tenha medo e, muitas vezes, ainda ruborize. A paixão por compartilhar ideias e conhecimento é mais forte do que o medo de errar.

Seja qual for o seu medo de errar, tente. Tenha humildade suficiente para admitir os erros e limitações. No início de nossa carreira, principalmente, talvez estejamos muito inseguros quanto aos aspectos do que ensinar e como. Talvez gastemos mais tempo preparando uma aula e ainda fiquemos ansiosos com as perguntas que os alunos podem fazer, com medo de não saber responder adequadamente.

Costumo dizer para meus alunos, futuros professores, que não há nada de errado em dizer que não sabe, que vai pesquisar ou estudar mais sobre o assunto. Brinco dizendo que não podemos é fazer isso o tempo inteiro, se não há algo errado. Precisamos nos preparar cada vez mais para entrar em sala de aula. Do contrário, os alunos vão começar a desconfiar também que não sabemos nada.

Assim, tenha medo, mas aquele medo que nos faz ficar mais cautelosos, preparar-nos mais. Tenha, sobretudo, humildade. Não precisamos impressionar nossos alunos com nosso vasto conhecimento ou dar uma aula repleta de termos difíceis ou inacessíveis a eles. Temos que dar aulas para os alunos, não para nós mesmos.

Tente novas formas de ensinar, crie projetos, faça algo diferente. Tenha medo, mas não tenha medo de errar. Só erramos ao tentar fazer algo.

50
Crie suas próprias receitas

Neste livro reuni essas cinquenta atitudes do professor de sucesso, com base em minha experiência como aluna e professora. Claro que essas ideias limitam-se aos objetivos do livro e, principalmente, a minha vivência pessoal. Não tenho a pretensão de esgotar em apenas um livro todas as possibilidades.

As receitas podem ser combinadas, ampliadas, testadas. Cada pessoa pode criar sua própria lista de atitudes para o sucesso, com base em suas experiências no magistério.

Então, crie suas próprias receitas também. Amplie a discussão que apresentei em cada tópico, acrescente outros tópicos não abordados neste livro, compartilhe as suas receitas conosco, na minha página do Facebook.

Várias noivas antes de se casarem organizam um caderno de receitas, com contribuições dos pratos favoritos das amigas e pessoas da família. Algumas dessas receitas podem ser tradicionais e repetidas muitas vezes pela futura dona de casa. Outras são bem simples e fáceis de serem seguidas. Haverá receitas mais sofisticadas, com vários passos a serem seguidos e ingredientes específicos, alguns disponíveis só em certas ocasiões. Se a noiva gostar de culinária, vai testar várias e várias receitas disponíveis no caderno e, ainda, sempre vai buscar novos pratos em revistas e sites de culinária. Caso não se interesse por culinária, é provável que o caderno de receitas não seja sequer utilizado.

De igual maneira, neste livro apresento algumas "receitas" para o sucesso do professor. Se você é apaixonado pela carreira de magistério, vai querer testar o que apresento, comparar com as suas receitas, buscar desenvolver essas principais atitudes de sucesso, enquanto desenvolve outras que considere igualmente relevantes.

A vida é muito curta e passamos tempo demais no trabalho. Nossos alunos ficarão conosco por pouco tempo, seja apenas um ano ou pouco mais que isso, dependendo do tamanho da escola ou da disciplina que ensinamos. Entretanto, nós iremos participar de todas as aulas que ministrarmos aos nossos alunos por toda a nossa vida profissional. Será que apenas suportaremos essas aulas ou teremos imenso prazer de estar em nossa própria sala de aula?

Por isso, temos que repensar que tipo de aula estamos dando, que tipo de professores estamos nos tornando e que tipo de alunos estamos formando. Teremos mais sucesso se tivermos alegria, entusiasmo, paixão pelo magistério. Imagine viver a vida inteira sem ter paixão pelo que faz. Para mim, impossível.

Quando iniciei a faculdade de Letras, aos dezessete anos, eu trabalhava como auxiliar administrativo da antiga Casas Sendas, em São João de Meriti. Lembro-me que logo no início da faculdade, havia um colega de trabalho muito querido, o Barreto, que me dizia que sempre imaginava o grande sucesso que eu teria na vida. Mas, ele logo emendava em tom paternalista mesmo, não sabia como seria esse sucesso visto que eu estava cursando Letras.

Que pena que perdi contato com ele. Naquela época eu não tinha dimensão do que significaria ser uma professora bem-sucedida. Hoje sei que sou e isso me enche de alegria. O professor de sucesso, em minha opinião, toma essas atitudes apresentadas neste livro. Há dias em que se sairá melhor, outros nem tanto. Mas a persistência, a determinação em aprender e fazer melhor constantemente, o desejo de se tornar um professor inesquecível nos leva cada vez mais perto desse sucesso.

Amo ser professora. Obviamente em que há dias melhores e mais brilhantes que outros. Mas tenho grande alegria ao pensar em novas ideias e projetos, buscar novos recursos, surpreender e ser surpreendida pelos alunos – ainda que seja tudo isso em passos minúsculos. Amo até mesmo os dias mais simples, em que a receita básica é um bom feijão com arroz feito com carinho.

Crie o hábito de anotar e registrar os bons projetos, divulgue-os, compartilhe as boas ideias. A receita é sua, tem que ter sua própria marca. Mas ela fica ainda melhor quando compartilhada com outros professores. Então, se quiser contar suas experiências, visite minha fanpage ou envie um e-mail para spssolimar@hotmail.com

Vai ser muito bom trocarmos mais receitas!

CULTURAL

Administração
Antropologia
Biografias
Comunicação
Dinâmicas e Jogos
Ecologia e Meio Ambiente
Educação e Pedagogia
Filosofia
História
Letras e Literatura
Obras de referência
Política
Psicologia
Saúde e Nutrição
Serviço Social e Trabalho
Sociologia

CATEQUÉTICO PASTORAL

Catequese
Geral
Crisma
Primeira Eucaristia

Pastoral
Geral
Sacramental
Familiar
Social
Ensino Religioso Escolar

TEOLÓGICO ESPIRITUAL

Biografias
Devocionários
Espiritualidade e Mística
Espiritualidade Mariana
Franciscanismo
Autoconhecimento
Liturgia
Obras de referência
Sagrada Escritura e Livros Apócrifos

Teologia
Bíblica
Histórica
Prática
Sistemática

VOZES NOBILIS

Uma linha editorial especial, com importantes autores, alto valor agregado e qualidade superior.

REVISTAS

Concilium
Estudos Bíblicos
Grande Sinal
REB (Revista Eclesiástica Brasileira)

VOZES DE BOLSO

Obras clássicas de Ciências Humanas em formato de bolso.

PRODUTOS SAZONAIS

Folhinha do Sagrado Coração de Jesus
Calendário de mesa do Sagrado Coração de Jesus
Agenda do Sagrado Coração de Jesus
Almanaque Santo Antônio
Agendinha
Diário Vozes
Meditações para o dia a dia
Encontro diário com Deus
Guia Litúrgico

CADASTRE-SE
www.vozes.com.br

EDITORA VOZES LTDA.
Rua Frei Luís, 100 – Centro – Cep 25689-900 – Petrópolis, RJ
Tel.: (24) 2233-9000 – Fax: (24) 2231-4676 – E-mail: vendas@vozes.com.br

UNIDADES NO BRASIL: Belo Horizonte, MG – Brasília, DF – Campinas, SP – Cuiabá, MT
Curitiba, PR – Fortaleza, CE – Goiânia, GO – Juiz de Fora, MG
Manaus, AM – Petrópolis, RJ – Porto Alegre, RS – Recife, PE – Rio de Janeiro, RJ
Salvador, BA – São Paulo, SP